Java-Programmierung für Anfänger

Programmieren lernen ohne Vorkenntnisse

Daniel Lorig

28. Dezember 2017

Inhaltsverzeichnis

0 Vorwort

0.1 Über das Buch

Dieses Buch richtet sich insbesondere an Programmieranfänger, die noch keine Vorkenntnisse in Java besitzen. Leser, die niemals zuvor programmiert haben, profitieren insbesondere von der Lektüre des Buchs: besonderer Wert wurde darauf gelegt, die verschiedenen Konzepte der Programmierung anfängergerecht einzuführen.

Das Buch stellt dagegen keine (vollständige) Referenz der Programmiersprache Java dar. Es werden zwar auch fortgeschrittene Themen wie Netzwerkprogrammierung und die Erstellung von grafischen Benutzeroberflächen angesprochen. Gerade für Anfänger ist es motivierend, direkt einen ersten Einblick in derartige Themen zu bekommen. Jedoch werden nicht alle Aspekte dieser Themen erschöpfend behandelt: der Leser des Buches soll einen ersten Überblick bekommen, jedoch nicht mit zu vielen Informationen überflutet werden. Wollen Sie in ein bestimmtes Thema tiefer einsteigen, finden Sie in Kapitel 19 Links zu Webseiten, die weiterführende Informationen bereit stellen.

Das Buch umfasst 20 Kapitel. Die ersten 18 Kapitel besprechen die verschiedenen Konzepte der Java-Programmierung. In Kapitel 19 finden Sie, wie zuvor angesprochen, Webtipps zum Vertiefen der Kenntnisse in den einzelnen Themen. Kapitel 20 stellt dagegen umfangreiche Begleitmaterialien zum Buch bereit.

- Zum einen finden Sie dort den gesamten Beispielcode, der im Buch verwendet wird, zum Download. Sie können also alle gezeigten Code-Beispiele selber ausprobieren, damit „herumspielen" und beobachten, was sich durch eigene Anpassungen des Codes verändert.

- Zudem gibt es zu allen Kapiteln (außer Kapitel 1) Übungsaufgaben. In den Übungsaufgaben Sind Sie gefordert und müssen die zuvor erlernten Konzepte selbst anwenden. Zu allen Übungen stehen zudem Lösungsvorschläge bereit. Wenn Sie eine Übung also einmal nicht lösen können (was völlig normal und überhaupt nicht schlimm ist), können Sie also mit Hilfe der Lösungsvorschläge herausfinden, wie eine Aufgabe hätte gelöst werden können.

0.2 Über den Autor

Daniel Lorig ist ein studierter Informatiker aus dem Saarland. Er programmiert bereits seit seiner Schulzeit in den 1990er Jahren und hat sein Master-Studium im Jahr 2010 an der Universität des Saarlandes abgeschlossen.

Danach hat er zwei Jahre als Software-Entwickler in einem saarländischen Unternehmen gearbeitet. Mittlerweile selbstständig, hat er nun seinen Fokus auf die Programmierung und

Gestaltung von Webseiten gelegt.

1 Grundlagen der Sprache

Java ist eine objektorientierte Sprache, die auch Konzepte aus der imperativen Programmierung besitzt. *Objektorientierung* bedeutet (ganz grob gesagt), dass man versucht, ein Programm wie in der echten Welt mit Hilfe von Objekten, die miteinander interagieren, zu modellieren. *Imperatives Programmieren* bedeutet, dass man dem Computer eine Reihe von Anweisungen gibt, die festlegen, in welcher Reihenfolge was gemacht wird.

Durch das Zusammenspiel dieser beiden Paradigmen wurde Java zu einer der erfolgreichsten und meistgenutzten Sprachen überhaupt. Von anderen bekannten Sprachen wie C und C++ grenzt sich Java ab durch einen Verzicht auf einige fehleranfällige Konzepte wie manuelle Speicherverwaltung und Zeigerarithmetik. Das macht es gerade für Anfänger einfacher, Java programmieren zu lernen.

Ebenso ist es beim Programmieren lernen gerade für Anfänger ein Vorteil, dass Java komplett plattformunabhängig ist. Es gilt der Slogan "Write once, run anywhere". Das bedeutet, dass Sie dasselbe Java-Programm auf unterschiedlichen Plattformen (Windows, Linux, usw) ausführen können. Um das zu ermöglichen, muss Java jedoch auf sehr systemnahe Funktionalitäten verzichten (z.B. Auswerfen des CD-Schachtes oder direkter Zugriff auf den USB-Anschluss).

Ein weiterer Mosaikstein auf dem Weg zur Plattformunabhängigkeit ist auch die Art, wie Java-Programme übersetzt und ausgeführt werden. In Sprachen wie C und C++ programmiert man einen Quelltext und dieser wird mit Hilfe eines *Compilers*[1] in *Maschinencode* übersetzt. Dieser Maschinencode kann nun direkt vom Rechner ausgeführt werden, allerdings **nur** auf der Plattform, auf der der Code übersetzt wurde. Wenn Sie beispielsweise ein C++-Programm mit einem Windows-Compiler übersetzen, können Sie den erzeugten Maschinencode auch nur auf Windows-Rechnern ausführen.

Bei Java ist dies anders: Der Quellcode wird vom Compiler nicht direkt in Maschinencode übersetzt, sondern zunächst in eine Zwischensprache (diese nennt man *Bytecode*) gebracht. Die Zwischensprache ist auf allen Plattformen gleich, d.h. den Bytecode, den Sie unter Windows generieren, können Sie auch auf einem Linux-System nutzen.

Um einen Java-Bytecode nun auf einem Rechner auszuführen, wird ein sogenannter *Interpreter* benötigt. Der Interpreter ist wiederum plattformspezifisch, d.h. für jede Plattform wird ein eigener Interpreter (man nennt diesen *Virtuelle Maschine*) benötigt. Dank der großen Verbreitung von Java existieren heute für so ziemlich alle denkbaren Plattformen bereits Interpreter, sodass man tatsächlich mit Java eine Plattformunabhängigkeit erreicht.

---

[1]Der Compiler (deutsch: Übersetzer) ist ein Programm, das vom Hersteller der Programmiersprache bereit gestellt wird. Der Compiler „übersetzt" den Quellcode in Maschinencode.

Der Ablauf beim Erstellen eines Programmes mit Java ist also der folgende:

1. Quelltext in Java programmieren

2. Umwandeln des Quelltextes in plattformunabhängigen Bytecode ("Zwischensprache")

3. Ausführen des Bytecodes mit Hilfe eines Interpreters („Virtuelle Maschine")

1.1 Compiler und Entwicklungsumgebung

Java ist frei verfügbar, daher ist es relativ einfach, sich die Werkzeuge, die zum Lernen und Programmieren mit Java nötig sind, aus dem Internet zu besorgen. Zum einen benötigt man beim Lernen das Development Toolkit, das *SDK*. Das enthält wichtige Werkzeuge wie Compiler, Laufzeitumgebung und Sprachdokumentation. Damit könnte man jetzt schon beginnen zu programmieren und Programme über die Kommandozeile zu übersetzen und auszuführen. Das Java-SDK kann auf der Webseite von Oracle[2] herunter geladen werden.

Komfortabler ist es aber, beim Programmieren eine *integrierte Entwicklungsumgebung* (kurz IDE, engl. für Integrated Development Environment) zu nutzen, insbesondere wenn man die Sprache gerade lernen will. Auch hier stehen speziell für Java kostenfreie und gute Möglichkeiten zur Verfügung. Empfehlen wollen wir an dieser Stelle die Entwicklungsumgebung *Eclipse*, diese erhält man auf der offiziellen Webseite[3]. In der Regel wird man die Option "Eclipse IDE for Java Developers" verwenden.

Eclipse bietet einige sehr nützliche Features zur Unterstützung beim Programmieren an. *Syntax-Highlighting* unterstützt das Verständnis des Codes, indem bestimmte Schlüsselwörter automatisch farbig markiert werden. Zudem wird der Quellcode während des Schreibens bereits im Hintergrund *kompiliert* (d.h. in den Maschinencode übersetzt). Treten dabei Fehler auf, werden Sie direkt darüber informiert, dass Sie einen Fehler gemacht haben. Diese und weitere Features von Eclipse machen das Programmieren sehr komfortabel und beschleunigen den Prozess der Programm-Erstellung.

Bei Wikihow[4] finden Sie eine kurze Anleitung, die Sie Schritt für Schritt durch die Installation des Java SDK und von Eclipse führt.

1.2 Installation von Java und Eclipse

Laden Sie sich zunächst von der im vorigen Abschnitt angegebenen Website von Oracle das Developer Toolkit herunter. Sie finden dort meist mehrere Versionen, am besten wählen Sie die

---

[2] http://www.oracle.com/technetwork/java/javase/downloads/jdk8-downloads-2133151.html
[3] http://www.eclipse.org/downloads/
[4] http://www.programmierenlernen24.de/go/wikihow-eclipse

neueste Version aus. Es gibt auch unterschiedliche Versionen je nach Betriebssystem (z.B. Mac OS, Linux, Windows 32 bit [x86], Windows 64 bit [x64]), wählen Sie hier die für Ihr System passende Version aus. Starten Sie nach der Beendigung des Downloads die Installation. Der Assistent führt Sie durch die verschiedenen Schritte, Sie brauchen selbst keine Einstellungen vorzunehmen, sondern können alle Voreinstellungen belassen. Nach wenigen Minuten ist Java auf Ihrem Rechner installiert.

Wenn Java installiert ist, können Sie anschließend Eclipse herunter laden. Auf der Download-Seite von Eclipse können Sie einen Installer für Ihr System herunter laden. Bei der Ausführung des Installers werden Sie gefragt, welche Version Sie installieren möchten. Wählen Sie hier „Eclipse IDE for Java Developers". Bestätigen Sie alle weiteren Abfragen und warten Sie, bis die Installation abgeschlossen ist.

Nun können Sie Eclipse starten. Sie werden gefragt, in welchem Verzeichnis Sie Ihren *Workspace* ablegen wollen. Der Workspace ist gewissermaßen der Arbeitsbereich, hier werden alle Projekte, die Sie später erstellen abgelegt. Wählen Sie einen leeren Ordner aus oder belassen Sie es bei der Voreinstellung.

Nachdem Eclipse gestartet ist, sehen Sie den Willkommensbildschirm. Diesen können Sie einfach schließen. Nun sehen Sie die Arbeitsoberfläche, die Sie bei Bedarf übrigens beliebig anpassen und individualisieren können.

Die wichtigsten Elemente sind:

- Der „Package Explorer" auf der linken Seite. Hier finden Sie später alle Ihre Projekte und können die zu bearbeitende Datei auswählen.

- Die große freie Fläche in der Mitte ist der Quelltext-Editor. Wenn Sie später eine Quelltextdatei öffnen, können Sie diese hier bearbeiten.

Im nächsten Kapitel werden wir sehen, wie wir ein erstes sehr einfaches Programm in Eclipse erstellen und ausführen können.

2 Kernelemente der Programmiersprache Java

Ein Java-Programm ist zunächst einmal eine Reihe von Anweisungen, die dem Computer vorgeben, was zu tun ist. Der Prozessor arbeitet diese Anweisungen dann der Reihe nach ab. Nachdem die letzte Anweisung ausgeführt wurde, *terminiert* das Java-Programm (d.h. das Programm wird beendet).

Viele der Anweisungen zielen darauf ab, Variablen zu verändern. Eine Variable ist einfach eine Speichereinheit, die irgend einen Wert enthalten kann, z.B. eine Zahl oder eine Zeichenkette (also ein Wort oder einen Satz). Eine Veränderung an einer Variablen könnte z.B. bedeuten, dass man zu einer Zahl eine andere hinzu addiert oder an eine Zeichenkette eine andere Zeichenkette anhängt.

Wir schreiben zunächst nur Programme, die auf der sogenannten *Konsole* bzw. *Kommandozeile* ausgeführt werden. Bei Windows-Rechnern ist dies die Eingabeaufforderung. Programme, die auf der Konsole ausgeführt werden, können dort Text ausgeben.

Wir werden uns einige der Kernelemente eines Java-Programms an einem einfachen Beispiel ansehen:

```
int summand1 = 5;
int summand2 = 10;
int summe = summand1 + summand2;
System.out.println(summe);
```

Anm: Die gezeigten Anweisungen sind so für sich genommen noch kein komplettes, ausführbares Java-Programm, dazu fehlt noch der Klassenrahmen. Doch dazu kommen wir in diesem Kapitel später noch. Hier sollen nur einige Grundelemente eines Programms einmal gezeigt werden.

Den Zweck dieses Java-Programms können Sie vielleicht auch ohne Programmierkenntnisse schon erkennen: es sollen zwei Zahlen addiert werden und die Summe über die Kommandozeile an den Programmbenutzer ausgegeben werden. Das Programm besteht aus 4 Anweisungen, pro Zeile schreibt man in der Regel eine Anweisung und schließt diese mit Semikolon (;) ab. Das ist übrigens in vielen Programmiersprachen so.

Die erste Anweisung nennen wir eine Variablendeklaration mit gleichzeitiger Zuweisung. Es wird hierbei eine neue Variable angelegt, dieser geben wir den Namen summand1. Den Namen können wir beliebig wählen, bis auf einige Einschränkungen, die bei der Namenswahl zu beachten sind, z.B. dass der Name mit einem Buchstaben beginnen muss. Um ein Java-Programm verständlich zu halten, sollte man möglichst immer sinnvolle Namen wählen. Man sollte nach Möglichkeit am Namen einer Variable ablesen kann, was ihr Zweck ist.

Variablen in Java haben immer einen festgelegten Typ: der Typ gibt an, um was für eine Art von Variable es sich handelt. Im Beispiel verwenden wir den Typ int für die Variable summand1. Das steht für Integer und bedeutet Ganzzahl. In der Variable summand1 können nun also ganzzahlige Werte gespeichert werden, nicht aber z.B. Kommazahlen wie 2,5.

Andere wichtige Datentypen, die einem in Java sehr oft begegnen werden, sind `double`, `float` (in diesen Typen können Kommazahlen gespeichert werden, die beiden Typen unterscheiden sich lediglich in Genauigkeit und Wertebereich) und `String` für Zeichenketten. Wir werden diese später noch kennen lernen.

Im Beispiel wird bei der Variablendeklaration der Variable schon direkt ein Wert zugewiesen. Das hätte man auch später noch machen können, z.B.

```
int summand1;
summand1 = 5;
```

Allgemein lautet die Syntax für die Deklaration einer Variable

```
TYP VARIABLENNAME;
```

und die Syntax für die Wertzuweisung

```
VARIABLENNAME = <AUSDRUCK>;
```

Doch was bedeutet `<AUSDRUCK>` an dieser Stelle? Nun, bei einer Wertzuweisung muss nicht immer ein konkreter Wert angegeben werden, so wie das bei unserem Beispiel in der ersten und zweiten Zeile der Fall ist. Stattdessen kann man auch einen komplexen Ausdruck angeben, dessen konkreter Wert dann bei der Zuweisung automatisch berechnet wird. Das geschieht z.B. in der dritten Zeile unseres Beispiels:

```
int summe = summand1 + summand2;
```

Es wird wiederum eine Variable vom Typ `int` angelegt. Dieser Variable wird nun nicht direkt ein Wert zugewiesen, sondern es wird der Ausdruck `summand1 + summand2` angegeben. Wenn der Prozessor beim Programmablauf an diese Stelle kommt, wird er diesen Ausdruck auswerten. Er wird in diesem Fall also bestimmen, welcher Wert in der Variable `summand1` gespeichert ist; er wird bestimmen, welcher Wert in der Variable `summand2` gespeichert ist. Danach wird dann die Summe aus diesen Werten gebildet und der neu angelegten Variable `summe` zugewiesen. Da in den beiden Variablen `summand1` und `summand2` die Werte 5 und 10 gespeichert sind, wird die Variable `summe` also den Wert 15 enthalten.

Die vierte Zeile unterscheidet sich deutlich von den vorherigen Zeilen, denn hier wird keine Variable angelegt. Stattdessen es wird eine Funktion aufgerufen. Java besitzt eine gewisse Grundfunktionalität, die wir jederzeit einsetzen können, gewissermaßen eine Bibliothek von wichtigen Funktionen, die oft benötigt werden. In diesem Fall ist das eine Funktion, die etwas auf der Kommandozeile ausgeben kann.

Die Syntax für einen *Funktionsaufruf* (bzw. korrekt heißt das eigentlich *Methodenaufruf*) ist in Java die folgende:

```
OBJEKT.METHODENNAME(<PARAMETERLISTE>);
```

10

Von Objekten hatten wir zu Beginn des Tutorials bereits kurz gesprochen, als wir über die Objektorientierung sprachen. Wir wollen an dieser Stelle des Tutorials die Besprechung der Objekte noch nicht zu sehr vertiefen, jedoch ist es wichtig zu wissen, dass in Java Funktionsaufrufe immer an konkrete Objekte gekoppelt sind. Um das mal an einem Beispiel aus der echten Welt zu veranschaulichen: Unser Objekt könnte ein Herd sein und der Herd hätte eine Methode `kochen`. Beim Aufruf dieser Methode müsste man als Parameter das Objekt übergeben, das gekocht werden soll. In Java-Syntax sähe das dann so aus:

```
meinHerd.kochen(meinFruehstuecksEi);
```

Dieser Aufruf würde also bewirken, dass vom Objekt `meinHerd` die Methode `kochen` mit dem Parameter `meinFruehstuecksEi` aufgerufen wird. Oder auf gut deutsch: Mein Frühstücksei wird auf meinem Herd gekocht.

Doch zurück zu unserem echten Java-Programmbeispiel. In der vierten Zeile finden wir also diesen Methodenaufruf:

```
System.out.println(summe);
```

Der Funktionsaufruf findet demnach auf einem Objekt `System.out` statt. Dieses Objekt gehört gewissermaßen zur Grundausstattung von Java, wir müssen es nicht anlegen, es ist einfach da. Das Objekt stellt einige Funktionalität zur Ausgabe von Informationen auf der Kommandozeile bereit.

Eine der Methoden, die dieses Objekt besitzt, ist demnach die Methode `println`. Der Aufruf dieser Methode bewirkt, dass der Inhalt der übergebenen Variablen auf der Kommandozeile ausgegeben wird und nach der Ausgabe ein Zeilenumbruch eingefügt wird. In diesem Fall wird also der Inhalt der Variablen `summe` (15) ausgegeben.

Die einzig sichtbare Aktion, die das Programm ausführt, wenn wir es starten, ist die Ausgabe des Ergebnisses der Summation. Die anderen Aktionen (das Anlegen der Variablen und die Berechnung der Summe) finden lediglich intern statt und wir bekommen davon nichts mit.

2.1 Das Java-Programmbeispiel ausführbar machen

Um das Beispielprogramm, das wir in diesem Tutorial gerade kennen gelernt haben, ausführbar zu machen, müssen wir einen Klassenrahmen hinzufügen. Wir wollen an dieser Stelle die Frage, was eine Klasse ist, noch nicht weiter vertiefen, sondern müssen nur wissen, dass in Java jeglicher Code innerhalb von Klassen gekapselt werden muss. Daher benötigen wir eine erste Klasse, um unseren Code auszuführen.

In Java muss jede öffentliche Klasse in einer eigenen Datei gespeichert werden, dabei ist durch den Namen, den man der Klasse gibt, der Name der Datei vorbestimmt, nämlich KLASSEN-NAME.java. Wenn wir nun unserem Beispielprogramm einen Klassenrahmen mit der Klasse `MeineTestanwendung` hinzufügen, muss der gesamte Code in der Datei

`MeineTestanwendung.java` gespeichert werden. Und der Klassenrahmen für unser Java-Programm sieht dann ganz konkret so aus:

```java
public class MeineTestanwendung
{
  public static void main(String[] args)
  {
    int summand1 = 5;
    int summand2 = 10;
    int summe = summand1 + summand2;
    System.out.println(summe);
  }
}
```

Hierbei wird eine Klasse `MeineTestanwendung` angelegt. Einziger Sinn dieser Klasse ist es, einen Ausführungsrahmen für unser Programm bereit zu stellen. Die Klasse besteht nun nur aus einer einzigen Methode, nämlich der Hauptmethode. Die Hauptmethode wird vom Java-Interpreter aufgerufen, wenn ein Java-Programm ausgeführt wird. Um ein Java-Programm ausführbar zu machen muss es also in mindestens einer Klasse eine Hauptmethode geben. Die Hauptmethode muss immer `main` genannt werden.

Den restlichen Teil der Methodendefinition (also die Wörter `public`, `static`, `void` und den Ausdruck `String[]` args) können Sie an dieser Stelle erstmal noch ignorieren, darauf kommen wir später zu sprechen. An dieser Stelle im Tutorial geht es nur darum, das Java-Programm ausführbar zu machen.

Nützlich ist es an dieser Stelle, die Bedeutung der geschweiften Klammern ({ und }) zu kennen. Mit geschweiften Klammern fasst man zusammenhängende Blöcke zusammen, also jeweils ein Klammerpaar für einen zusammenhängenden Block, wobei ein Block mit einer öffnenden Klammer beginnt und mit einer schließenden endet. Im obigen Beispiel fasst zum Beispiel die erste öffnende Klammer (in der zweiten Zeile) und die letzte schließende Klammer (in der letzten Zeile) die Klasse `MeineTestanwendung` zusammen. Alles was innerhalb dieser Klammern steht, gehört zu dieser Klasse. Ebenso verhält es sich mit der definierten Methode `main`: auch diese wird wiederum durch eine öffnende und eine schließende Klammer begrenzt.

Sie können diese Codezeilen nun schon in einer Datei `MeineTestanwendung.java` speichern und können diese Datei dann mit dem Java-Compiler übersetzen und danach das Programm ausführen. Wenn Sie das über die Kommandozeile machen, geht das folgendermaßen:

```
javac MeineTestanwendung.java
java MeineTestanwendung
```

`javac` ruft den Compiler auf, der den Quelltext in den Zwischencode, den Bytecode übersetzt. Der Bytecode wird dann in einer Datei `MeineTestanwendung.class` gespeichert. Diese Datei können Sie nun mit Hilfe des Java Interpreters `java` ausführen, wobei Sie darauf achten müssen, dass Sie die Dateiendung auslassen, also nur den Klassennamen angeben.

Komfortabler ist es übrigens, wenn Sie das mit einer Entwicklungsumgebung wie Eclipse machen.

2.1.1 Programm in Eclipse erstellen und ausführen

Alle Programmierbeispiele in diesem Tutorial können Sie von unserer Website herunter laden und direkt in Eclipse importieren und dort ausführen. Sie brauchen die Codebeispiele also nicht selbst abzutippen. In Kapitel 20 finden Sie den Download-Link sowie eine Anleitung, wie der Import zu bewerkstelligen ist.

Einmalig wollen wir an dieser Stelle jedoch auch besprechen, wie Sie ein eigenes Projekt direkt in Eclipse erstellen können. Wählen Sie im Eclipse Menü „File" → „New" → „Java Project". Im sich öffnenden Assistenten geben Sie als Projektnamen „testprojekt" an. Alle anderen Voreinstellungen können Sie belassen und klicken nun unten auf „Finish".

Jetzt können Sie das neu angelegte Testprojekt im Package Explorer sehen. Erweitern Sie die Ansicht und führen einen Rechtsklick auf den Ordner „src" aus. Nun wählen Sie „New" → „Class". Im sich nun öffnenden Assistenten geben Sie als Klassennamen **MeineTestanwendung** an. Im Bereich „Which method stubs would you like to create?" aktivieren Sie die erste Option „public static void main(String[] args)". Danach klicken Sie auf „Finish".

Wie sie sehen, wurde nun eine Klasse `MeineTestanwendung` erzeugt und automatisch im Editor-Fenster geöffnet. Auch die Hauptmethode `main()`, die wir im vorherigen Abschnitt besprochen haben, ist bereits vorhanden. Erweitern Sie die Hauptmethode nun durch eine einfache Ausgabe-Routine, z.B.

```java
public static void main(String[] args) {
  System.out.println("Hallo Welt!");
}
```

(Die automatisch generierte Zeile, die mit „// TODO" beginnt können Sie einfach löschen.) Nun haben Sie ein erstes einfaches Programm mit Eclipse erstellt, das Sie direkt ausführen können. In der Toolbar von Eclipse (unterhalb des Menüs) sehen Sie ein Symbol, das aus einem grünen Kreis mit einem weißen, nach rechts zeigenden Pfeil besteht. Rechts neben dem Symbol finden Sie einen nach unten zeigenden schwarzen Pfeil, mit dem Sie ein Kontext-Menü öffnen können. Aus diesem Kontext-Menü wählen Sie „Run As" → „Java Application". Das Programm wird nun ausgeführt.

Im unteren Teil der Arbeitsfläche öffnet sich ein Fenster „Console", hier werden alle Ausgaben die ein Programm macht (also wenn Sie im Code `System.out.println()` verwenden) angezeigt. Sie sollten dort also jetzt die Ausgabe **Hallo Welt!** sehen.

2.2 Übungen

Beginnend mit dem zweiten Kapitel haben wir Übungsaufgaben für jedes in diesem Tutorial behandelte Thema erstellt. Programmieren lernt man am besten, indem man tatsächlich auch selbst etwas programmiert ("Learning by Doing"). Die Übungen sind so aufgebaut, dass Sie jeweils die neu gelernten Konzepte selbst anwenden müssen.

Wir empfehlen, dass Sie sich jeweils nach der Lektüre eines Kapitels an den Übungen, die für dieses Kapitel erstellt wurden, versuchen. Möglicherweise kommen Sie nicht bei allen Übungen ohne Hilfe auf die Lösung. Das ist nicht schlimm, versuchen Sie dennoch bei jeder Übung, zunächst selbst eine Lösung zu finden bevor Sie sich unsere Beispiellösungen ansehen.

In Kapitel 20 erhalten Sie Zugriff auf die Übungen für alle vorhergehenden Kapitel.

3 Ablaufsteuerung: Bedingungen und Schleifen

3.1 Bedingungen

Bevor wir in die Objektorientierung einsteigen, gehen wir noch auf einige weitere unverzichtbare Bestandteile der Programmiersprache Java ein. Bisher haben wir gesehen, dass man eine Reihe von Anweisungen einfach nacheinander ausführen kann. Hierbei brauchen wir aber noch mehr Kontrolle.

Wir brauchen beispielsweise eine Möglichkeit, bestimmte Codezeilen nicht bei jedem Programmlauf auszuführen, sondern in Abhängigkeit von einer *Bedingung*. Das erreicht man mit einer sogenannten if-Anweisung:

```
if (<BEDINGUNG_ERFUELLT>)
{
  Anweisung 1;
  Anweisung 2;
  ...
}
else
{
  Anweisung 3;
  Anweisung 4;
  ...
}
```

Bei der if-Anweisung wird zunächst geprüft, ob eine bestimmte Bedingung erfüllt ist. Wie so eine Bedingung konkret aussehen kann, werden wir gleich sehen. Nur wenn die Bedingung erfüllt ist, werden die nachfolgenden Anweisungen ausgeführt. Ist die Bedingung nicht erfüllt, werden stattdessen die Anweisungen ausgeführt, die hinter der else-Klausel gruppiert sind.

Zur Kennzeichnung der Bereiche, deren Ausführung von der Bedingung abhängig ist, werden wiederum die geschweiften Klammern verwendet. Die geschweiften Klammern können übrigens weggelassen werden, wenn nur eine einzelne Anweisung gruppiert werden soll. Der else-Teil kann auch komplett weggelassen werden: dann wird der ganze Block einfach übersprungen, wenn die Bedingung nicht erfüllt ist.

Hier sehen wir übrigens zum ersten Mal eine Abweichung von der Standard-Syntax, die wir zu Beginn erläutert hatten: direkt nach der if-Anweisung erfolgt kein abschließendes Semikolon, sondern nur nach den jeweiligen untergeordneten Anweisungen.

Jetzt erweitern wir unser Summen-Programm um eine if-Anweisung:

```
int summand1 = 5;
int summand2 = 10;
int summe = summand1 + summand2;
System.out.println(summe);

if (summe > 10)
{
  System.out.println("Die Summe ist groesser als 10");
}
```

Hier wird einfach überprüft, ob in der Variable summe ein Wert gespeichert ist, der größer als 10 ist. Ist das der Fall, dann wird noch eine zusätzliche Meldung auf der Kommandozeile ausgegeben.

An diesem Beispiel haben Sie auch gesehen, wie eine Bedingung formuliert werden kann. Oft werden dabei Ausdrücke verwendet, die einen Vergleichsoperator verwenden. Die Vergleichsoperatoren sind $<, <=, ==, !=, >=$ *und* $>$ (kleiner, kleiner gleich, gleich, ungleich, größer gleich, größer). Eine Bedingung kann auch ein komplexerer Ausdruck sein als in dem Beispiel, z.B.

```
summand1 * 5 >= summand2 / 3
```

was bedeutet, dass die Bedingung erfüllt ist, wenn das Produkt aus summand1 und 5 größer oder gleich als summand2 geteilt durch 3 ist.

3.2 Schleifen

Bedingungen werden auch bei dem nächsten Konzept, das wir kennen lernen werden, eine wichtige Rolle spielen. Was ist zum Beispiel, wenn Sie eine bestimmte Anweisung oder gar eine Reihe von Anweisungen mehrfach ausführen wollen? Mit dem bisher vermittelten Wissen müssten Sie die Anweisungen ebenso oft aufschreiben, wie Sie sie ausführen wollen. Das ist natürlich unnötig umständlich und daher gibt es in Programmiersprachen dafür das Konzept der *Schleifen*. Es gibt verschiedene Arten von Schleifen, wir werden hier nur die for-Schleifen und die while-Schleifen betrachten.

```
for (<INITIALISIERUNG>; <BEDINGUNG>; <INKREMENT>)
{
  Anweisung 1;
  Anweisung 2;
  ...
}
```

Das wirkt vielleicht auf den ersten Blick etwas eigenartig, ist aber relativ einfach. *Initialisierung* bedeutet, dass man hier Code angeben kann, der einmalig vor Beginn der Ausführung der

16

Schleife durchgeführt wird. Normalerweise nutzt man das, um eine Zählervariable anzulegen (also eine Variable, mit der gezählt wird, wie oft eine Schleife schon durchlaufen wurde).

Vor jedem Schleifendurchlauf wird geprüft, ob die *Bedingung* erfüllt ist. Das ist eine Bedingung wie bei einer `if`-Anweisung. Nur wenn die Bedingung erfüllt ist, wird die Schleife ein weiteres Mal durchlaufen, ansonsten *terminiert* die Schleife.

Inkrement bedeutet, dass man hier Code einfügen kann, der nach jedem Schleifendurchlauf ausgeführt wird. In der Regel benutzt man das, um die bei Initialisierung angelegte Schleifenvariable um 1 zu vergrößern (das nennt man inkrementieren).

Konkret könnte eine `for`-Schleife also folgendermaßen aussehen:

```
int sum = 0;
for (int i = 1; i <= 10; ++i)
{
   sum = sum + i;
}
```

Bei Initialisierung wird also eine Zählvariable `i` angelegt und dieser Variable direkt der Wert 1 zugewiesen. Es wird nun bei jedem Schleifendurchlauf geprüft, ob `i` kleiner oder gleich 10 ist, so lange wird die Schleife ausgeführt. Als Inkrement-Teil der Schleife haben wir

`++i`

angegeben. Doch was bedeutet das? Nun, das ist einfach eine Abkürzung, es ist die Kurzform von

`i = i+1;`

`++i` bedeutet also, dass einfach die Zählervariable um 1 hochgesetzt wird. Im eigentlichen Schleifenrumpf wird nun jeweils unsere Zählvariable `i` aufsummiert, sodass wir als Ergebnis am Ende in der Variable `sum` die Summe der Zahlen von 1 bis 10 erhalten (sum(1,10) = 55).

Zur Verdeutlichung wollen wir die ersten Durchläufe der Schleife einmal konkret durchgehen. Zunächst hat die Variable `sum` den Wert 0. Nun startet unsere Schleife: es wird eine Variable `i` angelegt und dieser der Wert 1 zugewiesen.

Nun wird zum ersten Mal die Bedingung geprüft: `i` ist kleiner oder gleich 10, also wird der Schleifenrumpf ausgeführt: `i` wird zu `sum` addiert, also hat `sum` nun den Wert 1. Der Schleifenrumpf besteht nur aus einer Anweisung, also ist der erste Durchlauf bereits komplett. Deshalb wird jetzt der Inkrement-Teil ausgeführt: die Variable `i` wird um 1 vergrößert, ihr Wert ist nun also 2.

Es wird wieder die Bedingung geprüft, `i` (2) ist immer noch kleiner oder gleich 10, also wird der Rumpf ein weiteres Mal ausgeführt. Nun werden wiederum die Variablen `sum` (1) und `i`

(2) addiert, sodass `sum` danach den Wert 3 hat. Danach ist auch dieser Schleifendurchlauf beendet und es wird wieder inkrementiert.

Das geht so lange weiter, bis `i` den Wert 10 hat. Dann wird der Schleifenrumpf ein letztes Mal ausgeführt. Danach wird dann `i` auf 11 inkrementiert und die nachfolgende Prüfung der Bedingung $i <= 10$ schlägt fehl. Damit wird die Schleife schlussendlich beendet.

Wenn Sie das verstanden haben, werden Sie auch keine Probleme haben, das Konzept der `while`-Schleife zu verstehen. Die `while`-Schleife ist der `for`-Schleife sehr ähnlich, jedoch gibt es dort keine Initialisierung und keinen Inkrement-Teil. Es wird einfach nur vor jedem Durchlauf eine Bedingung überprüft. Die Syntax ist also

```
while (<BEDINGUNG>)
{
  Anweisung 1;
  Anweisung 2;
  ...
}
```

Wir können das gleiche Beispiel wie bei der `for`-Schleife auch mit einer `while`-Schleife realisieren, nur müssen wir dann die Initialisierung "extern" (also außerhalb der Schleife) vornehmen und den Inkrement im Schleifenrumpf durchführen:

```
int sum = 0;
int i = 1;

while (i <= 10)
{
  sum = sum + i;
  ++i;
}
```

4 Objektorientierung: Ein kurzer Überblick

Das wichtigste Konzept in Java ist die Objektorientierung, diese ist dort allgegenwärtig. Objektorientierung bedeutet, dass man versucht, ein Programm als Reihe von interagierenden Objekten zu modellieren, wie in der realen Welt. Dadurch schafft man es, die Komplexität eines Programms zu verringern, da man beim Programmieren erst einmal jedes Objekt einzeln betrachten kann.

Doch was bedeutet das nun konkret in Java? Nun, in Java gibt es *Klassen*. Klassen fassen gleichartige oder ähnliche Objekte zusammen. Z.B. wäre *Mensch* eine mögliche Klasse und *Tante Erna* und *Ernst Müller* wären konkrete Objekte vom Typ *Mensch*. Man spricht dann auch davon, dass *Tanta Erna* und *Ernst Müller* Instanzen von *Mensch* sind.

Charakteristisch für Klassen ist, dass alle Instanzen einer bestimmten Klasse dieselben Eigenschaften haben und dieselben Aktionen ausführen können. Die Werte der Eigenschaften können sich aber von Instanz zu Instanz unterscheiden. Um beim Beispiel Mensch zu bleiben: Alle Menschen haben eine bestimmte Größe und ein Gewicht, das unterscheidet sich aber von Mensch zu Mensch. Allen gemein ist aber, dass sie dieselben Aktionen ausführen können, z.B. *gehen* oder *laufen* oder *schwimmen*.

In der Java-Terminologie nennt man die Eigenschaften von Klassen *Attribute* und die Aktionen *Methoden*. Eine Klasse besteht also im Wesentlichen aus Attributen und Methoden. Attribute sind dabei einfach Variablen: also z.B. int-Werte, wie wir sie zuvor schon kennen gelernt haben. Aber ein Attribut kann auch eine Instanz einer Klasse sei. Die Klasse Mensch könnte beispielsweise ein Attribut *Bester Freund* haben. Wenn der beste Freund von *Tante Erna* dann *Ernst Müller* wäre, würde das Attribut *Bester Freund* bei der Instanz *Tante Erna* auf die Instanz *Ernst Müller* verweisen.

Methoden stellen die Funktionalität bzw. die Aktionen, die ein Objekt ausführen kann, zur Verfügung. Man kann dies dafür nutzen, um Codezeilen, die man mehrmals ausführen möchte, in einer Methode zusammenzufassen. Wenn man die Codezeilen dann ausführen möchte, ruft man einfach nur die entsprechende Methode auf und der Code der Methode wird automatisch ausgeführt. Eine Methode kann auch *Parameter* besitzen: Parameter sind Variablen, die vom Code der Methode verwendet werden, aber erst bei der späteren Ausführung der Methode festgelegt werden müssen. Zudem kann eine Methode einen sogenannten Rückgabewert besitzen. Einen Rückgabewert kann man sich vorstellen wie ein Endergebnis einer Methode. Wenn eine Methode ausgeführt wurde, wird der Rückgabewert an der Stelle im Code abgeliefert, von der aus die Methode aufgerufen wurde.

4.1 Methoden

Soviel Theorie lockern wir jetzt mit einem einfachen Beispiel auf: wir schreiben eine Funktion/Methode, die die Summe der ersten n Zahlen berechnet, wobei n variabel ist. Diese Funktion sieht dann folgendermaßen aus:

```
public int berechneSumme(int n)
{
  int sum = 0;
  for (int i = 0; i <= n; ++i)
  {
    sum = sum + i;
  }
  return sum;
}
```

Zur Syntax: `public` bedeutet, dass die Methode (als Teil einer Klasse) öffentlich ist. Auf dieses Öffentlichkeits-Konzept werden wir gleich noch näher zu sprechen kommen, können es zunächst aber mal ignorieren.

`int` gibt den Rückgabetyp an, wir wollen also am Ende einen `int`-Wert zurück geben. Es gibt auch Methoden, die keinen Wert zurück geben, dann wird der Rückgabetyp mit `void` angegeben.

`berechneSumme` ist der von uns frei gewählte Name der Methode. Danach folgt dann die Parameterliste, diese besteht hier nur aus einem Parameter: bei einem Aufruf wird der Funktion nur ein `int`-Wert übergeben. Wir können den Namen für den Parameter beliebig wählen (hier n), der Name wird benutzt um innerhalb des Funktionsrumpfes auf den Parameter zuzugreifen. Wenn wir eine Funktion mit mehreren Parametern schreiben wollten, müssten die einzelnen Parameter in der Parameterliste durch Komma voneinander getrennt werden.

Der Funktionsrumpf besteht wiederum aus dem Code, den wir schon aus dem Beispiel mit der `for`-Schleife kennen: es wird die Summe der ersten n Zahlen berechnet. Neu ist am Ende die `return`-Anweisung: diese gibt die Summe an die Stelle zurück, an der die Funktion aufgerufen wurde. Der Aufruf der Funktion ist dann sehr einfach:

```
int summe1 = berechneSumme(10);
int summe2 = berechneSumme(20);
```

`summe1` hat also dann den Wert 55, während `summe2` den Wert 210 hat.

4.2 Klassendefinition

Nun kennen wir grundsätzlich die wichtigsten Bestandteile einer Klasse und wollen uns jetzt einmal ansehen, wie eine Klasse konkret aussieht. Bleiben wir bei der bereits zuvor besprochenen Klasse `Mensch`.

```java
public class Mensch
{
  private int groesse;
  private int gewicht;
  private int position;
  private int energieReserven;

  public Mensch(int _groesse, int _gewicht)
  {
    groesse = _groesse;
    gewicht = _gewicht;
    position = 0;
    energieReserven = 100;
  }

  public int getGroesse()
  {
    return groesse;
  }

  public int getGewicht()
  {
    return gewicht;
  }

  public int getPosition() {
    return position;
  }

  public void bewegung(int strecke)
  {
    if (energieReserven >= strecke)
    {
      position = position + strecke;
      energieReserven = energieReserven - strecke;
    }
  }

  public void nehmeEineErfrischung()
  {
    energieReserven = energieReserven + 50;
  }
}
```

Die Definition einer Klasse ist denkbar einfach, dem Schlüsselwort public (was auch hier wieder bedeutet, dass die Klasse öffentlich ist) folgt das Schlüsselwort class und danach der frei wählbare Name der Klasse. Danach folgt ein von geschweiften Klammern (Zeilen 2 und 43) begrenzter Codeblock, in dem die eigentliche Klasse definiert wird.

Zunächst werden die Attribute der Klasse, also die Eigenschaften angelegt: groesse und `gewicht` erklären sich wohl von allein, lediglich bei `position` und `energieReserven` müssen wir ein paar Worte sagen. Später wollen wir von dieser Klasse konkrete Instanzen erstellen, also Objekte. Wenn wir uns das jetzt wie in der realen Welt vorstellen: dann hat jeder Mensch zu jedem Zeitpunkt eine exakt definierte Position (die man zum Beispiel über Koordinaten angeben könnte). Wir vereinfachen das hier extrem, indem wir als Position einfach einen `int`-Wert nehmen, also einen ganzzahligen Wert.

`energieReserven` soll (wiederum sehr vereinfacht) angeben, wieviel Energie ein Objekt vom Typ Mensch noch besitzt. Der Sinn dahinter ist, dass ein Mensch bestimmte Aktionen nur ausführen kann, wenn noch genug Energie vorhanden ist (um wieder eine Analogie zur realen Welt herzustellen: wenn Sie abends müde und erschöpft von der Arbeit heimkommen, haben Sie vermutlich nicht mehr die Energie, um noch einen Marathon zu laufen ...).

Nun aber zu den Schlüsselwörtern `private` und `public`, die bei der Deklaration der Attribute schon wieder auftauchen: `private` bedeutet, dass ein Attribut privat ist, d.h. es kann darauf nicht von außen zugegriffen werden. `groesse`, `gewicht`, `position` und `energieReserven` können nicht von außen geändert werden, sondern nur innerhalb der Klasse selbst (d.h. nur Code der sich innerhalb der Klasse Mensch befindet, kann auf diese Attribute zugreifen).

`public` ist das Gegenteil, auf solche Attribute kann auch von außerhalb der Klasse zugegriffen werden. `public` und `private` funktionieren ebenso bei Methoden: `private`-Methoden können nur innerhalb der Klasse selbst aufgerufen werden, `public`-Methoden von überall.

Schauen wir uns die Klasse nun weiter an: nach der Deklaration der Attribute finden wir mit

```
public Mensch(int _groesse, int _gewicht)
...
```

einen Codeblock, der ein bisschen wie eine Methode/Funktion aussieht. Tatsächlich handelt es sich hier um einen Sonderfall: das ist der Konstruktor. Der Konstruktor wird automatisch aufgerufen, wenn ein Objekt neu angelegt wird. Daher wird der Konstruktor in der Regel dazu genutzt, die Attribute zu initialisieren, d.h. mit sinnvollen Werten vorzubelegen. Wie bei einer Methode auch kann man einem Konstruktor Parameter übergeben. Die allgemeine Syntax für die Erstellung eines Konstruktors ist:

```
public <Klassenname>(<Parameterliste>)
{
  Anweisung 1;
  Anweisung 2;
  ...
}
```

Der Konstruktor wird also gewissermaßen definiert wie eine Methode, deren Methodennamen gleich dem Klassennamen ist und für die kein Rückgabetyp angegeben wird. Wichtig ist daher auch, dass innerhalb des Konstruktors die `return`-Anweisung zur Rückgabe eines Wertes oder eines Objektes **nicht** verwendet werden darf.

Konkret initialisiert unser Konstruktor also die Werte für `groesse` und `gewicht` mit den Werten, die dem Konstruktor als Parameter übergeben werden. Zudem wird die Position auf 0 gesetzt und die Energiereserven auf 100.

Als nächstes finden wir in der Klasse einige Methoden, die alle mit "get" beginnen. Solche Methoden nennt man *getter*. Diese werden verwendet, um der Außenwelt Zugriff auf private Attribute zu geben. Es wird daher nichts weiteres getan, als jeweils den entsprechenden Wert zurück zu geben, sodass dieser dann auch von außerhalb der Klasse gelesen werden kann.

Doch warum dann dieser umständliche Umweg? Warum die Attribute nicht gleich `public` machen? Nun, das ist in diesem Fall recht einfach. Über diesen Mechanismus gibt man so nach außen nur einen Lese-Zugriff, d.h. die Werte können von außen nicht geändert werden. Und das ist ja auch sinnvoll, denn warum sollte schon jemand von außen das Gewicht oder die Größe eines Menschen ändern?

Die Methode `bewegung` soll eine Aktion durchführen, nämlich eine einfache Bewegung über eine angegebene Strecke. Dazu wird zunächst geprüft, ob noch genügend Energiereserven vorhanden sind: Pro Meter, der zurückgelegt werden soll, wird auch 1 Energiereserve benötigt. Sind nicht mehr genug Reserven vorhanden, kann die Bewegung nicht ausgeführt werden (und der Mensch verbleibt auf seiner aktuellen Position). Sind dagegen noch genügend Reserven vorhanden, wird die Position des Menschen entsprechend geändert und die Energiereserven gemäß der zurückgelegten Strecke verringert. Nachdem die Aktion abgeschlossen ist hat sich also die Position verändert und die Energiereserven sind verringert.

Damit der Mensch nicht irgendwann irgendwo strandet, d.h. sich nicht mehr bewegen kann, weil keine Energiereserven mehr vorhanden sind, muss es auch irgend eine Methode geben, mit der die Reserven wieder aufgeladen werden können. Wir haben in dieser Beispiel-Klasse dafür eine einfache Methode `nehmeEineErfrischung`. Diese bewirkt einfach, dass die Reserven wieder um 50 Punkte vergrößert werden.

4.3 Verwendung von Klassen / Objekten

Nachdem wir die Definition der Klasse nun durchgegangen sind, schauen wir uns jetzt noch an, wie sie konkret verwendet wird. Dabei lernen wir auch noch einen weiteren Bestandteil der Programmiersprache Java kennen, nämlich die Kommentare: jede Zeile, die mit einem Doppelslash (//) beginnt, wird vom Compiler einfach ignoriert. Daher nutzt man das, um in natürlicher Sprache an schwierigen Stellen dem Code Erläuterungen und Erklärungen hinzuzufügen, die für den Compiler nicht von Bedeutung sind, aber anderen menschlichen Lesern des Codes weiterhelfen, um den Code zu verstehen.

```java
// Instanz tanteErna wird angelegt
Mensch tanteErna = new Mensch(160, 55);

// Groesse wird ausgelesen, Wert der Variable groesse ist nun 160
int groesse = tanteErna.getGroesse();
```

```
// Position wird ausgelesen, Wert der Variablen position ist nun 0
int position = tanteErna.getPosition();

// tanteErna bewegt sich um 40 Meter, d.h. Position ist danach 40
// und energieReserven 60
tanteErna.bewegung(40);

// position hat nun den Wert 40
position = tanteErna.getPosition();

// tanteErna hat nicht mehr genug Energiereserven,
// um noch 70 Meter zurueck zu legen
// Daher werden an dieser Stelle weder die Reserven
// noch die Position geaendert
tanteErna.bewegung(70);

// position hat immer noch den Wert 40
position = tanteErna.getPosition();

// tanteErna wird wieder "aufgetankt", d.h. die Energiereserven von
// 60 auf 110 erhoeht
tanteErna.nehmeEineErfrischung();

// Da nun genuegend Reserven vorhanden sind, kann sich tanteErna
// weitere 70 Meter bewegen. Die Reserven sinken von 110 auf 40
tanteErna.bewegung(70);

// position hat nun den Wert 110
position = tanteErna.getPosition();
```

Dieser Programmablauf sollte sich größtenteils von selbst erklären mit den gegebenen Erläuterungen. An dieser Stelle wollen wir noch zwei Hinweise hinzufügen: wie bereits zu Beginn kurz angerissen, lautet die Syntax für den Aufruf einer Methode

```
OBJEKT.METHODENNAME(<Parameterliste>);
```

Objektname ist also immer tanteErna und die Parameterliste kann auch leer sein, eben wenn eine Methode keine Parameter besitzt.

Der Aufruf des Konstruktors unterscheidet sich dabei etwas, dieser erfolgt über das Schlüsselwort new.

Der Aufruf von

```
Mensch tanteErna = new Mensch(160, 55);
```

bewirkt also, dass der von uns definierte Konstruktor der Klasse Mensch ausgeführt wird und diesem die Parameter 160 und 55 zur Initialisierung der Attribute übergeben werden. Das neu erstelle Objekt wird dann automatisch zurückgegeben (d.h. ohne dass im Konstruktor

eine `return`-Anweisung vorkommt) und kann dann fortan unter dem Namen `tanteErna`
im Programm verwendet werden.

5 Primitive Datentypen

In den vorangegangenen Kapiteln des Tutorials haben wir uns einen groben Überblick über die Programmiersprache Java verschafft. Nun werden wir die wichtigsten Konzepte etwas genauer betrachten. Zunächst beginnen wir dabei mit den sogenannten primitiven Datentypen.

5.1 Überblick

Datentyp	Wertebereich	Beispiel	Beschreibung
boolean	true / false	true	Wahrheitswert (wahr, falsch)
char	0 bis 65535	A	einzelnes Zeichen in Unicode-Kodierung
byte	-128 bis 127	12	Ganzzahl
short	-32768 bis 32767	30000	Ganzzahl
int	-2147483648 bis 2147483647	-200000	Ganzzahl
long	-9223372036854775808 bis 9223372036854775807	4147483648	Ganzzahl
float	+/-1,4E-45 bis +/-3,4E+38	3.8	Gleitkommazahl
double	+/-4,9E-324 bis +/-1,7E+308	21652430000000000	Gleitkommazahl mit höherer Genauigkeit

Es gibt vier Arten von primitiven Datentypen: Wahrheitswerte (`boolean`), ganzzahlige Werte (`byte`, `short`, `int`, `long`), Gleitkommazahlen (`float`, `double`) und Zeichen (`char`).

5.1.1 Wahrheitswerte

Eine Variable vom Typ `boolean` kann nur zwei verschiedene Werte aufnehmen: `true` oder `false`. Man verwendet boolsche Variablen dann, wenn man z.B. das Ergebnis einer Bedingungsprüfung speichern möchte.

Beispiel:

```
boolean b1 = 3 > 2;
```

Im Beispiel wird geprüft, ob die Zahl 3 größer ist als die Zahl 2. Da dies offensichtlich der Fall ist, wird in der Variable `b1` vom Typ `boolean` der Wert `true` gespeichert. Die Variable `b1` könnte man jetzt z.B. in einer Schleife oder einem `if`-Konstrukt verwenden.

5.1.2 Ganzzahlige Werte

Es gibt in Java verschiedene Datentypen für ganzzahlige Werte. Die verschiedenen Typen haben unterschiedliche Wertebereiche. Das bedeutet, eine Variable eines Typen mit einem kleineren Wertebereich verbraucht nur weniger Speicher als eine Variable eines Typen mit einem größeren Wertebereich. Um Programme möglichst effizient und speichersparend zu entwerfen sollte daher immer nur der kleinstmögliche Datentyp verwendet werden, der alle benötigten Bereiche abdeckt.

In der Regel verwendet man `int`-Variablen, weil der Wertebereich von unter − 2 Milliarden bis über + 2 Milliarden reicht und damit viele Anwendungsfälle abdeckt. Mit dem Datentyp `long` können sehr viel größere Wertebereiche bei Bedarf abgedeckt werden. Wenn auch der Wertebereich von `long` nicht ausreicht, kann die komplexe Java-Klasse `BigInteger` verwendet werden, die noch höhere Wertebereiche abdeckt. Diese soll jedoch hier nicht weiter besprochen werden.

Man muss also aufpassen, dass man jeweils einen Datentypen wählt, der nicht zu klein ist. Wenn man in einer Variable einen Wert speichern möchte, der größer ist als es der Datentyp eigentlich zu lässt, was passiert dann? Sehen Sie sich nachfolgendes Beispiel an:

```
byte b1 = 127;
b1 = (byte)(b1 + 1);
```

(Hinweis: wenn man zwei `byte`-Werte addiert, erhält man einen `int`-Wert. Um das Ergebnis einer `byte`-Addition in einer `byte`-Variable zu speichern, ist eine explizite Typumwandlung nötig. Wir werden das später in diesem Kapitel noch genauer kennen lernen. Die Typanpassung erfolgt hier durch das Voranstellen von (byte) vor den umzuwandelnden Wert (b1 +1).)

Es wird eine Variable vom Typ `byte` angelegt. Der Wertebereich von `byte` reicht nur bis 127. Nun wird der Variable der Wert 127 zugewiesen, also der Maximalwert. Danach wird der Wert aber um 1 erhöht. Und was passiert dann? Welcher Wert ist nun in der Variable `b1` gespeichert? Nun, wenn der Wertebereich eines Datentypen überschritten wird, geschieht ein sogenannter *Überlauf* (engl. overflow), bei dem einfach am anderen Ende des Wertebereiches weiter gemacht wird, d.h. in diesem Fall am unteren Ende des Wertebereiches. In der Variable `b1` ist daher nach dieser Operation der minimale `byte`-Wert -128 gespeichert. In der Regel möchte man einen solchen Überlauf vermeiden, daher ist es immer ratsam, den richtigen Datentyp sorgsam auszuwählen.

5.1.3 Gleitkommazahlen

Gleitkommazahlen werden dann verwendet, wenn man Zahlen mit Nachkommastellen benötigt. Zudem haben Gleitkommazahlen einen signifikant größeren Wertebereich als die ganzzahligen Werte. Auf den ersten Blick erscheint es einem daher naheliegend, einfach grundsätzlich Gleitkommazahlen zu verwenden. Doch Gleitkommazahlen sind tatsächlich noch problematischer als die ganzzahligen Werte. Hatten wir bei den ganzzahligen Werten nur das Problem mit dem Überlauf am Ende des Wertebereiches, kommt bei den Gleitkommazahlen noch das Problem mit der Genauigkeit hinzu.

Es können nämlich mit den beiden Gleitkommatypen `float` und `double` nicht beliebige

Werte innerhalb des Wertebereiches gespeichert werden. Die Gleitkommatypen können nur Zahlen mit einer begrenzten Genauigkeit aufnehmen. Konkret bedeutet das, das weiter hinten stehende Stellen "ignoriert" werden und zu 0 werden.

Beispiel: Eine `float`-Variable, die mit dem Wert 0.1000012345 initialisiert wird, hat tatsächlich nur den Wert 0.10000123. Die beiden letzten Stellen können mit der begrenzten Genauigkeit nicht mehr gespeichert werden. Die Genauigkeit einer `double`-Variable ist wesentlich höher, aber auch diese ist begrenzt.

Zudem kann es beim Rechnen mit Gleitkommazahlen zu Ungenauigkeiten kommen – und das schon bei relativ gewöhnlichen Zahlenwerten. Beispiel:

```
double a = 69.82;
double b = 69.2 + 0.62;
```

Normalerweise würde man denken, dass in den beiden Variablen a und b nun derselbe Wert gespeichert ist. Das ist aber nicht der Fall. Wenn man sich die Werte ausgeben lässt, erhält man für die Variable a wie erwartet den Wert 69.82, für die Variable b jedoch den Wert 69.82000000000001.

Diese Ungenauigkeit ist in der Art begründet, wie Gleitkommazahlen intern gespeichert werden. Die Details brauchen uns nicht zu interessieren – wir müssen nur wissen: Gleitkommazahlen können ungenau sein. Bei Operationen, bei denen die Genauigkeit wichtig ist, sollte man sich daher nicht auf die gewöhnlichen Gleitkommazahlen von Java verlassen, sondern z.B. die komplexe Klasse `BigDecimal` verwenden, die genauer arbeitet.

Weiterhin sollten wir uns merken, dass eine Gleichheitsprüfung mit Gleitkommazahlen gefährlich ist, weil sie unerwartete Ergebnisse liefern kann. Hätten wir die beiden Variablen a und b aus dem Beispiel auf Gleichheit überprüft, hätten wir `false` erhalten, obwohl eigentlich `true` zu erwarten wäre. Wenn man Gleitkommazahlen auf Gleichheit prüfen muss, sollte man also zumindest eine kleine Toleranz erlauben.

5.1.4 Zeichen

Eine Variable vom Typ `char` kann ein Unicode-Zeichen aufnehmen, wie z.B. 'a' oder 'ß'. Ein Zeichen wird dabei innerhalb eines einzelnen Hochkommas angegeben, also

```
char c = 'a';
```

Zeichen werden dabei intern als Ganzzahlwerte gespeichert, z.B. im Bereich von 0 – 255 gemäß dem ASCII-Code.

5.2 Variablen anlegen

Wie wir bereits mehrfach gesehen haben, werden Variablen in der Form

```
TYP VARIABLENNAME;
```

deklariert (d.h. angelegt) und mittels

```
VARIABLENNAME = WERT;
```

ein Wert zugewiesen. Deklaration und Zuweisung können in einer einzelnen Anweisung kombiniert werden als

```
TYP VARIABLENNAME = WERT;
```

Es ist zu beachten, dass man den Wert einer Variablen nicht lesen darf, bevor zum ersten Mal ein Wert zugewiesen wurde. Wenn man eine Variable deklariert, ihr aber keinen Wert zuweist und dann versucht, den Wert der Variablen auszulesen, wird dies zu einem Übersetzungsfehler führen.

Beispiel:

```
int i1;
int i2 = i1 + 1;
```

Dieser Code führt zu einem Compilerfehler, da versucht wird, den Wert der Variable i1 auszulesen, obwohl der Variable noch kein Wert zugewiesen wurde.

Zudem können innerhalb einer einzelnen Anweisung auch mehrere Variablen desselben Typs angelegt werden. Die allgemeine Syntax dafür ist die folgende:

```
TYP variable1, variable2, variable3;
```

Hier werden die drei Variablen variable1, variable2 und variable3 vom Typ TYP angelegt. Es ist wiederum möglich, Variablen auch direkt beim deklarieren zu initialisieren:

```
int variable1, variable2 = 3, variable3;
```

Hier werden drei int-Variablen angelegt, wovon variable1 und variable3 zunächst nicht initialisiert werden, der Variable variable2 wird aber direkt der Wert 3 zugewiesen.

5.3 Gültigkeitsbereich von Variablen

Variablennamen müssen innerhalb ihres Gültigkeitsbereiches eindeutig sein. Es dürfen innerhalb des Gültigkeitsbereiches also nicht zwei Variablen mit demselben Namen existieren. Doch was ist überhaupt der Gültigkeitsbereich einer Variable?

Hier kommen wieder die geschweiften Klammern ins Spiel. Paare von geschweiften Klammern kennzeichnen jeweils zusammengehörige Codeblöcke. Der Gültigkeitsbereich einer Variable erstreckt sich demnach auf den Codeblock, innerhalb dessen sie definiert wurde. Parametervariablen von Methoden sind gültig innerhalb des jeweiligen Methodenrumpfes. Verschiedene Methoden können also Parameter mit den gleichen Namen besitzen, da die Variablen nur innerhalb der jeweiligen Methode gültig sind.

5.4 Typumwandlung

Variablen eines Typen können gegebenenfalls auch in Variablen eines anderen, kompatiblen Typen umgewandelt werden. Man nennt dies *Typumwandlung* oder *Typecasting*. Eine Variable kann zu einem anderen Typ gecastet werden, indem der Zieltyp der Variable in Klammern vorangestellt wird. Offensichtlich ist zum Beispiel die Möglichkeit, zwischen den verschiedenen Ganzzahlwerten zu konvertieren:

```
long long1 = 2000;
int int1 = (int) long1;
```

Offensichtlich ist das aber nur so lange, wie der Wert auch in die neue Variable hineinpasst. In diesem Fall wurde ein long-Wert von 2000 zu einem int-Wert von 2000 umgewandelt. Das ist kein Problem, da 2000 auch im int-Bereich enthalten ist. Was ist aber, wenn ein Wert aus einem größeren Datentypen in einen kleineren Datentypen konvertiert wird, und dieser Wert ist nicht im Wertebereich des kleineren Typen enthalten?

Beispiel:

```
int var1 = 300;
byte var2 = (byte) var1;
```

Zur Erinnerung: der Wertebereich von byte-Variablen reicht nur von -128 bis +127. Bei einer solchen Zuweisung findet wiederum der bereits zuvor besprochene Überlauf statt: int 127 wird zu byte 127. int 128 wird zu byte -128 (dem minimalen byte-Wert). int 129 wird zu byte -127 usw. Demnach wird int 300 zu byte 44. In unserem Beispiel enthält die Variable var2 also am Ende den byte-Wert 44.

Eine Typumwandlung kann aber auch zwischen char-Werten und Ganzzahlwerten erfolgen: wie erwähnt werden char-Werte intern von Ganzzahlwerten repräsentiert. Man kann also gemäß dem ASCII-Code eine char-Variable mit dem Wert 'A' auch auf folgende Weise anlegen:

```
char ch = (char) 65;
```

65 ist der ASCII-Code für das Zeichen 'A'.

Ebenso kann man z.B. den ASCII-Code eines Zeichens bestimmen:

```
int ascii = (int) 'A';
```

Die Variable `ascii` hat nun den Wert 65.

Eine `char`-Variable besteht auch immer nur aus einem einzelnen Zeichen. Nicht druckbare Zeichen (z.B. Tabulator, Zeilenumbruch) kann man dabei wie oben gezeigt über den entsprechenden ASCII-Code setzen. Für einige gebräuchliche Sonderzeichen gibt es jedoch so genannte *Escape-Sequenzen*, mit denen man ein solches Zeichen direkt repräsentieren kann. Die gebräuchlichste Escape-Sequenz ist '\n', dieses Zeichen repräsentiert einen Zeilenumbruch (newline).

5.5 Wrapper-Klassen

Java ist grundsätzlich objektorientiert, d.h. es wird mit Objekten gearbeitet. Viele Konzepte bauen auf Objekten auf (z.B. kann man eine Liste von Objekten erstellen, wie wir später noch sehen werden) und dabei ist es problematisch, dass die primitiven Datentypen keine Objekte sind, sondern eine Sonderstellung einnehmen. Wenn man z.B. nur Listen von Objekten erstellen kann und primitive Datentypen keine Objekte sind – klar, dann kann man keine Listen von primitiven Datentypen erstellen.

Deshalb gibt es in Java für die primitiven Datentypen sogenannte *Wrapper-Klassen*. Eine Instanz einer solchen Wrapper-Klasse repräsentiert dann einfach einen Wert eines primitiven Datentyps. Wenn wir eine solche Wrapper-Klasse selbst erstellen müssten, könnte Sie z.B. für `int` folgendermaßen aussehen:

```java
public class Integer
{
  private int intValue;

  public Integer(int myInt)
  {
    intValue = myInt;
  }

  public int intValue()
  {
    return intValue;
  }
}
```

Tatsächlich existieren für alle primitiven Datentypen bereits solche Wrapper-Klassen, namentlich sind dies `Integer`, `Byte`, `Short`, `Long`, `Double`, `Float`, `Character`, `Boolean`. Die Wrapper-Klassen bringen zusätzlich jeweils einige nützliche Methoden mit, z.B. um den primitiven Datentyp in eine Zeichenkette zu verwandeln und umgekehrt.

6 Ausdrücke und Operatoren

Wir kennen jetzt die Basis-Datentypen von Java. Diese Datentypen kann man verwenden, um darauf Berechnungen und Operationen durchzuführen. In den einleitenden Kapiteln haben wir dazu bereits einige Beispiele gesehen, bei denen z.B. `int`-Werte addiert wurden. Doch es gibt noch mehr Operationen, die innerhalb von Java mit den primitiven Datentypen möglich sind.

6.1 Zuweisungsoperator

Den Zuweisungsoperator haben wir bereits kennen gelernt. Mittels "=" wird einer Variable ein Wert zugewiesen. Auf der linken Seite steht also die Variable, der ein Wert zugewiesen werden soll und auf der rechten Seite steht ein Ausdruck, der zu einem Wert ausgewertet wird.

```
int myInt = 1;
myInt = myInt + 3;
```

In diesem Beispiel wird zunächst die Variable `myInt` angelegt und mit 1 initialisiert. Danach wird über eine erneute Zuweisung der Wert um 3 erhöht, sodass schließlich in der Variable der Wert 4 gespeichert ist.

6.2 Arithmetische Operatoren

Mit den arithmetischen Operatoren können gewöhnliche mathematische Berechnungen durchgeführt werden. Es existieren die Operatoren + (*Addition*), – (*Subtraktion*), * (*Multiplikation*) und / (*Division*). Zudem gibt es noch den *Restwert-Operator* %.

Addition, Subtraktion und Multiplikation sollten trivial sein und wir werden hier nicht weiter drauf eingehen. Es ist dabei lediglich zu beachten, dass bei allen diesen Operatoren Überläufe auftreten können, wenn der Wertebereich eines Datentypen überschritten wird. Zudem können Ungenauigkeiten im Zusammenhang mit Gleitkommazahlen auftreten.

Den Divisionsoperator und den Restwert-Operator müssen wir uns aber genauer anschauen. Auch der Divisionsoperator ist auf den ersten Blick trivial: es wird eine Division durchgeführt. Jedoch: was passiert, wenn man zwei ganzzahlige Werte dividiert, das Ergebnis jedoch eigentlich eine Gleitkommazahl ist?

```
int myInt1 = 5;
int myInt2 = 2;
int result = myInt1 / myInt2;
```

In diesem Fall wird nur der ganzzahlige Anteil zurück gegeben: in unserem Beispiel wird 5 durch 2 dividiert, was als exaktes Ergebnis 2.5 liefern müsste. Da jedoch hier zwei `int`-

Werte dividiert werden, ist auch das Resultat ein `int`-Wert. Der Nachkommaanteil wird dabei gestrichen und so ist in der Variable `result` der Wert 2 gespeichert. Ebenso wäre es bei negativen Zahlen: würden wir -5 durch 2 dividieren, erhielten wir -2 als Ergebnis.

Wenn wir dagegen einen ganzzahligen Wert durch eine Gleitkommazahl dividieren, wird das Ergebnis automatisch in eine Gleitkommazahl umgewandelt. Ebenso ist es, wenn eine Gleitkommazahl durch einen ganzzahligen Wert dividiert wird: das Resultat ist eine Gleitkommazahl. Das gilt auch generell für die anderen arithmetischen Operatoren: sobald eine Gleitkommazahl an der Operation beteiligt ist, wird als Ergebnis eine Gleitkommazahl geliefert.

```java
int myInt1 = 5;
double myDouble1 = 2.0;
double result = myInt1 / myDouble1;
```

Im Beispiel hat die Variable `result` nach dem Ende der Operation den Wert 2.5.

Der Restwert-Operator % gibt den bei einer ganzzahligen Division verbleibenden Rest zurück. Dieses Konzept mag dem einen oder anderen vielleicht noch aus der Grundschule bekannt sein: 5 durch 2 ergibt 2 Rest 1. Im Programmierer-Jargon sagt man 5 modulo 2 ergibt 1.

```java
int myInt1 = 5;
int myInt2 = 2;
int rest = myInt1 % myInt2;
```

In der Variable `rest` ist nach Abschluss der Operation der Wert 1 gespeichert.

6.3 Division durch Null

Bekanntermaßen ist in der Mathematik eine Division durch Null nicht definiert. Was passiert also, wenn man in einem Java-Programm eine Division durch 0 durchführt (entweder mit dem Divisionsoperator oder dem Restwert-Operator)? Nun, dann wird eine sogenannte Exception ausgelöst. Wir werden Exceptions (deutsch Ausnahmen) später noch kennen lernen. Fürs erste genügt es zu wissen, dass in einem solchen Fall das Programm einfach abstürzt und seinen Dienst quittiert. Wir werden später noch sehen, wie man das verhindern kann.

6.4 Unäre Operatoren

Der – (Minus) Operator kann nicht nur zur Subtraktion verwendet werden, sondern auch um das Vorzeichen eines einzelnen Ausdruckes zu negieren.

```java
int myInt1 = 5;
int myInt2 = -myInt1;
```

In der Variable `myInt2` ist nun der Wert -5 gespeichert.

6.5 Vergleichsoperatoren

Es gibt in Java einige Operatoren, mit denen primitive Datentypen verglichen werden können. Es handelt sich um die Operatoren $>$ (*größer*), $>=$ (*größer gleich*), $! =$ (*ungleich*), $==$ (*gleich*), $<=$ (*kleiner gleich*), $<$ (*kleiner*).

Jedes Ergebnis einer Vergleichsoperation ist ein Wert vom Typ `boolean`, also `true` oder `false`. Eine Vergleichsoperation kann damit direkt als Bedingung in einem `if`-Konstrukt oder einer Schleife verwendet werden.

Beachten Sie auch, dass der Operator, der auf Gleichheit prüft, aus zwei Gleichheitszeichen besteht ($==$). Damit soll eine Verwechslung mit dem Zuweisungsoperator vermieden werden ($=$). Merke: Zuweisungen mit einfachem Gleichheitszeichen, Gleichheitsprüfungen mit doppeltem Gleichheitszeichen.

```
int myInt1 = 5;
int myInt2 = 7;

boolean isGleich = myInt1 == myInt2;
boolean isKleiner = myInt1 < myInt2;
boolean isGroesser = myInt1 > myInt2;
```

Das Beispiel zeigt die Verwendung dieser Operatoren: die Variablen `myInt1` und `myInt2` werden mit Hilfe des Gleichheitsoperators verglichen. Da unterschiedliche Werte in den beiden Variablen gespeichert sind, ist das Ergebnis der Operation `false`. In der Variable `isGleich` ist damit also der Wert `false` gespeichert.

Da `myInt1` kleiner ist als `myInt2` evaluiert der zweite Ausdruck, `myInt1 < myInt2`, zu `true`. In der Variable `isKleiner` wird demnach der Wert `true` gespeichert.

Die Variable `isGroesser` wird wiederum den Wert `false` enthalten, da `myInt1` nicht größer als `myInt2` ist.

6.6 Logische Operatoren

Die logischen Operatoren operieren auf boolschen Variablen. Es gibt die Operatoren `&&` (*und*), `||` (*oder*), `!` (*nicht* bzw *Negation*), `^`(*entweder oder*).

Der Negationsoperator wird auf eine einzelne boolsche Variable angewendet: wenn b den Wert `true` enthält, wird `!b` zu `false` ausgewertet und umgekehrt. Die anderen 3 Operatoren verketten jeweils 2 boolsche Variablen: der `&&`-Operator liefert genau dann `true`, wenn beide Input-Variablen `true` sind. Der `||`-Operator liefert dann `true`, wenn mindestens eine der beiden Input Variablen `true` ist. Der `^`-Operator liefert dann `true`, wenn genau eine der beiden Variablen `true` ist und die andere `false`. Wir verdeutlichen das mit folgender Wertetabelle:

boolean a	boolean b	a && b	a || b	a ^ b
true	true	true	true	false
true	false	false	true	true
false	true	false	true	true
false	false	false	false	false

Wichtig: logische Operationen können nicht nur direkt auf boolschen Variablen ausgeführt werden, sondern auf jedem beliebigen Ausdruck, der zu einer boolschen Variable auswertet. Wenn wir z.B. eine Methode erstellen, die eine boolsche Variable zurück gibt, können wir diese Methode direkt im Zusammenhang mit einem logischen Operator verwenden. Hier greift jedoch eine Besonderheit: es muss nicht zwingend jeder Operand einer Operation auch ausgewertet werden. Betrachten Sie z.B. das folgende Beispiel:

```
boolean myBool1 = false;
boolean result = myBool1 && pruefeBedingung();
```

Im Beispiel wird der und-Operator auf eine Variable `myBool1` und einen Funktionsaufruf einer Methode `pruefeBedingung()` angewendet. Der Variable `result` wird nur dann `true` zugewiesen, wenn beide Operanden zu `true` auswerten. Nachdem der erste Operand `myBool1` ausgewertet wurde, steht aber schon fest, dass diese Bedingung auf keinen Fall erfüllt werden kann: `myBool1` ist `false` und damit muss auch `result` `false` sein, unabhängig davon, was der Methodenaufruf `pruefeBedingung()` zurück liefert. In diesem Fall wird die Auswertung nach `myBool1` abgebrochen, d.h. die Methode `pruefeBedingung()` wird gar nicht mehr ausgeführt, da das Endergebnis der Operation bereits fest steht.

Das ist besonders dann von Bedeutung, wenn eine Methode nicht nur einen Wert zurück liefern soll, sondern auch noch einen sonstigen Nebeneffekt hat (z.B. kann bei der Berechnung ein anderes Objekt verändert werden). Man muss sich darüber im Klaren sein, dass ein Teilausdruck bei der Verwendung eines logischen Operators also nicht zwingend ausgewertet werden muss.

Man kann die Auswertung von allen Operanden beim Aufruf eines logischen Operators aber bei Bedarf auch erzwingen, indem man den &-Operator statt dem &&-Operator und den |-Operator statt dem ||-Operator verwendet. Bei diesen Operatoren werden alle Operanden ausgewertet, auch wenn das Endergebnis bereits zuvor fest steht. Der &-Operator liefert immer dasselbe Ergebnis wie der &&-Operator, gleiches gilt für den ||-Operator und den |-Operator. Der einzige Unterschied besteht darin, dass alle Operanden zwingend ausgewertet werden und damit den Zustand des Programms evtl. anderweitig verändern können.

6.7 Zuweisung und Operation kombinieren

In Java gibt es einige syntaktische Abkürzungen, um oft gebräuchliche Ausdrücke zu verkürzen. Oft hat man z.B. einen Ausdruck der folgenden Art:

```
myInt = myInt + 8;
```

Man möchte also eine Variable um einen bestimmten Wert erhöhen. Das kann man abkürzen zu

```
myInt += 8;
```

Addition und Zuweisung werden also zu einem kürzeren Ausdruck zusammen gefasst. Dasselbe geht übrigens auch mit den anderen arithmetischen Operatoren:

```
myInt -= 2; // es wird 2 vom Variablenwert subtrahiert
myInt *= 2; // die Variable wird verdoppelt
myInt /= 2; // die Variable wird halbiert
myInt %= 2; // der Variable wird der Restwert bei Division
            // durch 2 zugewiesen
```

Auch logische Operatoren mit Zuweisung können verkürzt werden:

```
myBool |= false; // aequivalent zu  myBool = myBool | false;
myBool &= true; // aequivalent zu  myBool = myBool & true;
myBool ^= true; // aequivalent zu  myBool = myBool ^ true;
```

6.8 Inkrement und Dekrement

In Java gibt es auch die *Inkrement-* und *Dekrement*-Operatoren, die der Programmiersprache C++ ihren Namen gegeben haben: eine besonders häufige Operation ist es, eine Variable um 1 zu erhöhen bzw. zu verkleinern. Man nennt das inkrementieren bzw. dekrementieren. Dafür wurden die Abkürzungen ++ bzw. -- geschaffen:

```
int myInt = 2;
myInt++; // Abkuerzung fuer myInt = myInt + 1;
```

In dem gezeigten Beispiel wird myInt mit 2 initialisiert und danach inkrementiert, es ist also danach der Wert 3 in der Variable myInt gespeichert. Der Inkrement-Operator kann der Variable auch vorangestellt werden:

```
int myInt = 2;
++myInt;
```

Die beiden Beispiele sind äquivalent. Doch warum kann man den Inkrement-(ebenso wie den Dekrement-) Operator sowohl voranstellen als auch nachschieben? Nun, die Inkrement- bzw Dekrement-Operatoren wurden so geschaffen, dass man sie auch *nebenbei* verwenden kann. Man kann eine Variable z.B. direkt inkrementieren/dekrementieren, wenn man sie in einem anderen Ausdruck verwendet. Beispiel:

```
int myInt = 2;
int summe = myInt++ + 5;
```

In diesem Fall wird in der Variable `summe` die Summe aus `myInt` und 5 gebildet. Zudem wird *nebenbei* noch die Variable `myInt` inkrementiert. Die Frage ist jedoch: wird zunächst die Summe gebildet (2 + 5) und danach die Variable inkrementiert ($myInt = 3$) oder wird zuerst die Variable inkrementiert ($myInt = 3$) und danach erst die Summe gebildet (3 + 5)?

In diesem Fall kommt es eben darauf an, ob der Inkrement-Operator voran gestellt wird oder nachgeschoben wird: wird der Inkrement-Operator vorangestellt, wird zunächst die Variable inkrementiert und dann die Summe gebildet (das Ergebnis wäre in unserem Beispiel also 8, wenn wir den Inkrement-Operator vorangestellt hätten). Wird der Inkrement-Operator aber nachgeschoben (wie das ja in unserem Beispiel der Fall ist), wird eben zuerst die Summe gebildet und danach erst die Variable inkrementiert. In unserem Beispiel ist das in der Variable `summe` gespeicherte Ergebnis also 7.

6.9 Der Fragezeichen-Operator ?:

Wir hatten in einem einleitenden Kapitel bereits die `if`-Anweisung kennen gelernt. Mit einer `if`-Anweisung kann man Codestücke bedingt ausführen lassen.

```
int a = 6;
int result;

if (a > 5)
  result = 7;
else
  result = 9;
```

Im Beispiel wird geprüft, ob eine Variable größer als 5 ist und in Abhängigkeit davon einer anderen Variable entweder der Wert 7 oder der Wert 9 zugewiesen. Der bedingt ausgeführte Code umfasst hier also jeweils nur eine einfache Zuweisung. Derartige Konstrukte lassen sich kürzer mit dem Fragezeichen-Operator schreiben:

```
int a = 6;

int result = a > 5 ? 7 : 9;
```

Der Fragezeichen-Operator hat allgemein die folgende Syntax:

```
BEDINGUNG ? ausdruck1 : ausdruck2
```

Es wird zunächst die Bedingung ausgewertet. Liefert diese `true`, wird der erste Ausdruck ausgewertet und zugewiesen, andernfalls der zweite Ausdruck. In unserem Beispiel bedeutet das: es wird überprüft, ob a > 5 ist. Wenn das der Fall ist, liefert der Fragezeichen-Operator den ersten Wert (im Beispiel 7) zurück, ansonsten 9. Der vom Fragezeichen-Operator zurück gelieferte Wert wird dann der Variable `result` zugewiesen. Das Beispiel mit dem Fragezeichen-Operator ist also genau äquivalent zu dem Beispiel mit der `if`-Anweisung.

6.10 Verschachtelte Ausdrücke

Bisher haben wir immer nur sehr einfache Ausdrücke gesehen, in denen jeweils nur eine Operation durchgeführt wurde. Jedoch kann man, wie in der Mathematik, auch kompliziertere Ausdrücke verwenden.

```
int ergebnis1 = 2 * 3 + 5 - 8;
int ergebnis2 = ergebnis1 > 4 ? 7 * 9 : 2 * 3 - 20;
```

Der erste Ausdruck ist auch noch relativ einfach, hier werden schlicht mehrere arithmetische Operationen kombiniert. Dabei gilt wie bereits aus der Schule bekannt: Punktrechnung geht vor Strichrechnung. ergebnis1 hat also am Ende den Wert 3.

Beim zweiten Ausdruck wird zunächst geprüft, ob der erste Wert größer als 4 ist. Da das nicht der Fall ist, wird nur der Ausdruck hinter dem Doppelpunkt ausgewertet (es handelt sich hierbei um einen Fragezeichen-Operator mit Bedingung (ergebnis1 > 1), ausdruck1 (7 * 9), ausdruck2 (2 * 3 – 20)). 2 * 3 – 20 wird also schlussendlich zu -14 ausgewertet. Damit hat am Ende die Variable ergebnis2 den Wert -14.

Ein Ausdruck kann jedoch auch noch weitere der zuvor vorgestellten Operatoren beinhalten. Und da ist es dann schon nicht mehr so offensichtlich, welcher Operator Vorrang hat. Beispiel:

```
boolean a = false, b = false, c = true;
boolean bErgebnis = a && b || c;
```

Welchen Wert hat nun bErgebnis? Je nach Operator-Reihenfolge könnte es sowohl true oder auch false sein:

1. Wir werten zuerst a && b aus. Dies evaluiert zu false. Damit verbleibt false || c. Dies evaluiert zu true, da c true ist.

2. Wir werten zuerst b || c aus. Dies evaluiert zu true (da c true ist). Es verbleibt der Ausdruck a && true. Dieser Ausdruck evaluiert zu false, da a false ist.

Die Frage ist also: was hat Vorrang, der und-Operator && oder der oder-Operator ||. Tatsächlich gilt: *und* bindet stärker als *oder*, d.h. der und-Operator muss zuerst ausgewertet werden. Unsere 1. Variante oben ist also korrekt, der Ausdruck evaluiert schlussendlich zu true.

Generell gilt: um Unklarheiten zu vermeiden, sollte man alles, was über Punktrechnung geht vor Strichrechnung hinaus geht, entsprechend klammern. Es gibt eine lange Tabelle mit allen Operatoren, die angibt, welche Operatoren stärker wirken, aber in der Regel macht man sich und anderen, die einen Code lesen, das Leben einfacher, wenn man solche Ausdrücke klammert. Wir können unser Beispiel oben also folgendermaßen abändern, damit die zweite Auswertungsvariante korrekt ist:

```
boolean a = false, b = false, c = true;
boolean bErgebnis = a && (b || c);
```

7 Arrays

In diesem Kapitel lernen wir einen weiteren speziellen Datentyp kennen, nämlich die *Arrays*, oder zu deutsch, *Felder*. Ein Array ist eine Ansammlung von Objekten oder Werten desselben Typs. Wenn wir beispielsweise 5 `int`-Variablen benötigen, können wir 5 Variablen manuell anlegen. Wir können aber auch ein Array verwenden, in das wir dann 5 Werte hinein schreiben. Wir können uns ein Array wie eine Liste von Objekten vorstellen.

Ein Array wird nach folgender Syntax deklariert:

```
TYP[] NAME;
```

Im Gegensatz zu einer normalen Variable wird eine Array-Variable also durch das zusätzliche Nachstellen von `[]` kenntlich gemacht. Mit diesem Befehl wurde lediglich eine Variable vom Typ Array angelegt, es existiert noch kein tatsächliches Array. Das Array kann auf verschiedene Weisen angelegt werden. Wir sehen uns das anhand eines Beispiels an, bei dem wir auf verschiedene Arten ein Array aus `int`-Werten erzeugen.

```
// Variante 1:
int[] feld1;
feld1 = new int[5];

// Variante 2:
int[] feld2 = new int[5];

// Variante 3:
int[] feld3 = {0, 0, 0, 0, 0};

// Variante 4:
int[] feld4;
feld4 = new int[] {0, 0, 0, 0, 0};
```

Variante 1 und 2 zeigen die Standard-Initialisierung von Arrays mit dem Operator `new`. Die Zahl innerhalb der eckigen Klammern gibt an, wie groß das Feld ist, d.h. wie viele Werte oder Objekte des angegebenen Typen das Feld enthalten kann. Die Größe eines Feldes kann nachträglich nicht mehr verändert werden. Bei der Verwendung des `new`-Operators werden die einzelnen Positionen innerhalb des Arrays vorinitialisiert: bei einem `int`-Feld mit 0, ebenso wie bei den anderen numerischen Feldern. `boolean`-Felder werden mit `false` initialisiert.

Variante 3 und 4 zeigen, wie man ein Feld beim Anlegen selbst mit gewünschten Werten initialisieren kann. Wenn man die Initialisierung wie in Variante 3 direkt bei der Deklaration durchführt, genügt es, die Werte in geschweiften Klammern anzugeben. Möchte man das Array erst später initialisieren, wie in Methode 4, so wird zusätzlich der `new`-Operator benötigt. Beachten Sie, dass in diesem Fall nicht die Größe des Feldes mit dem `new`-Operator angegeben wird, sondern die Größe des Feldes automatisch aus der Anzahl der angegebenen Werte für die Initialisierung abgeleitet wird.

7.1 Zugriff auf die Array-Inhalte

Auf die Inhalte eines Array kann mit dem []-Operator zugegriffen werden. Dabei können Werte sowohl gelesen als auch geschrieben werden:

```
int[] feld = {1, 3, 5, 7};

int ersterWert = feld[0]; // ersterWert hat nun den Wert 1
feld[0] = feld[3]; // an erster Position im Array steht nun der Wert 7
ersterWert = feld[0]; // ersterWert hat nun den Wert 7
```

Beim []-Operator wird der *Index* angegeben, auf den zugegriffen werden soll. Indices sind in der Informatik fast immer null-basiert, d.h. der Index 0 bezeichnet das erste Element, der Index 1 das zweite Element usw.

Zugriff auf einen nicht existenten Index löst eine Ausnahme (diese lernen wir in Kapitel 12 kennen) aus und führt zum Absturz des Programmes.

7.2 Länge eines Feldes auslesen

Die Länge eines Feldes können Sie mit Hilfe des Attributes length auslesen. Das geht folgendermaßen:

```
int[] feld = {1, 3, 5, 7};

int laenge = feld.length;
```

Die Variable laenge hat nun den Wert 4.

7.3 Mehrdimensionale Arrays

Bisher haben wir nur eindimensionale Felder gesehen. In diesem Fall kann man sich Felder als Listen vorstellen. Doch ein Feld kann eine beliebige Anzahl von Dimensionen haben. Ein zweidimensionales Array kann man sich beispielsweise als ein Tabelle bzw. Matrix vorstellen:

```
1 7 9 7 2
9 6 1 8 8
2 8 9 2 1
```

Wie legt man ein mehrdimensionales Array in Java an und wie benutzt man es? Das folgende Beispiel zeigt es.

```
// Variante 1
int[][] arrayTwoDim = new int[3][5];
arrayTwoDim[0][0] = 1; // Zeile 0, Spalte 0
arrayTwoDim[0][1] = 7; // Zeile 0, Spalte 1
arrayTwoDim[0][2] = 9; // Zeile 0, Spalte 2
arrayTwoDim[0][3] = 7; // ...
arrayTwoDim[0][4] = 2;
arrayTwoDim[1][0] = 9;
// ...

// Variante 2
int[][] arrayTwoDimVariante2 = new int[][]
   {{1, 7, 9, 7, 2}, {9, 6, 1, 8, 8}, {2, 8, 9, 2, 1}};
```

Mit beiden Varianten wird die zuvor gezeigte Tabelle als zweidimensionales Array realisiert. Variante 1 legt über den new-Operator zunächst ein zweidimensionales Array an, das mit 0-Werten initialisiert wird. Danach wird über den []-Operator jeder Wert einzeln gesetzt.

Die zweite Variante initialisiert die Werte direkt wie gewünscht. Technisch gesehen handelt es sich um ein Array, dessen Elemente wiederum Arrays sind und ebenso wird es auch initialisiert: jede Zeile ist ein einzelnes Array. Das Hauptarray besteht also aus 3 Elementen (die die drei Zeilen der Tabelle repräsentieren) und diese 3 Elemente sind wiederum Arrays, die jeweils aus 5 Elementen (den int-Werten der jeweiligen Zeile) bestehen.

Das Konzept lässt sich beliebig auf höherdimensionale Felder fortsetzen.

8 Zeichenketten

In diesem Kapitel behandeln wir mit den Zeichenketten einen weiteren sehr wichtigen Datentyp in Java. Zeichenketten haben in Java gewissermaßen einen Sonderstatus: es handelt sich nicht um einen primitiven Datentypen, sondern um einen komplexen Datentypen mit Methoden und Eigenschaften. Anders als andere komplexe Datentypen können Zeichenketten aber wie primitive Datentypen erstellt und zugewiesen werden.

Doch beginnen wir ganz am Anfang. Eine Zeichenkette ist eine Liste von `char`-Werten. Verbindet man `char`-Werte miteinander, erhält man Zeichenketten. In einer Zeichenkette kann man demnach Wörter oder Sätze speichern. Zeichenketten haben in Java den Datentyp `String`. Die Deklaration einer Zeichenkette erfolgt genauso, wie es bei einem primitiven Datentypen auch der Fall ist:

```
String myString;
```

Auch die Zuweisung ähnelt der Zuweisung der primitiven Datentypen.

```
myString = "Hallo Welt";
```

Und natürlich können Deklaration und Zuweisung wieder zu einer einzelnen Anweisung kombiniert werden:

```
String myString = "Hallo Welt";
```

Zeichenketten werden also immer innerhalb von Anführungszeichen angegeben. Soll eine Zeichenkette selbst ein Anführungszeichen enthalten, muss das Anführungszeichen mittels einer *Escape-Sequenz* dargestellt werden. Würde man das Anführungszeichen einfach als "normales" Anführungszeichen innerhalb des Strings schreiben, würde der Java-Compiler dieses als Ende-Begrenzung des Strings interpretieren. Stattdessen können folgendermaßen Anführungszeichen innerhalb von Strings verwendet werden:

```
String myString = "Tina sagt:\"Oh, wie schoen.\" ";
```

Die Escape-Sequenz \" dient dazu, ein Anführungszeichen darzustellen: durch das Voranstellen des Backslashs \weiß der Compiler, dass es sich hierbei nicht um die Begrenzung der Zeichenkette handelt, sondern dass ein Anführungszeichen innerhalb der Zeichenkette verwendet werden soll. Im übrigen gibt es noch einige weitere Escape-Sequenzen, um nicht-druckbare Zeichen darzustellen. Eine der gebräuchlichsten Escape-Sequenzen ist \n , diese steht für einen Zeilenumbruch.

Tatsächlich handelt es sich bei einem String um einen komplexen Datentypen, also ein Objekt, das über eine Klasse realisiert worden ist. Wir haben im Einführungskapitel über Klassen gesehen, dass Instanzen einer Klasse normalerweise über den Aufruf eines Konstruktors mit dem Schlüsselwort `new` realisiert werden:

```
OBJEKT meinObjekt = new OBJEKT(PARAMETER p1);
```

Hier sehen wir die Ausnahmestellung von `String`: ein `String`-Objekt kann auch wie ein primitiver Datentyp direkt instanziiert werden. Natürlich kann man einen String auch über einen normalen Konstruktoraufruf erzeugen:

```
String myString = new String("Hallo Welt");
```

8.1 String-Methoden und Operationen

Als komplexer Datentyp bringt die Klasse `String` einige Methoden mit, mit denen die Zeichenketten analysiert werden können. Strings sind jedoch unveränderlich - d.h. ein einmal instanziiertes `String`-Objekt kann nicht mehr verändert werden. Das ist übrigens nicht zu verwechseln damit, dass man einem Bezeichner vom Typ `String` ein ganz neues String Objekt zuweisen kann:

```
String myString = "hallo du";
myString = "hallo zurueck";
```

Im Beispiel wird dem Bezeichner `myString` zunächst ein neues `String`-Objekt mit dem Inhalt "hallo du" zugewiesen. Danach wird ein neues `String`-Objekt mit dem Inhalt "hallo zurück" erstellt und nun dem Bezeichner zugewiesen. Es handelt sich also um zwei unterschiedliche Objekte. Nachdem das zweite `String`-Objekt dem Bezeichner zugewiesen wurde, wird das erste `String`-Objekt "hallo du"nirgends mehr verwendet (d.h. die Anwendung hat keinerlei Zugriff mehr darauf - zuvor war der Zugriff ja über den Bezeichner `myString` vorhanden, diesem Bezeichner wurde aber ein neues Objekt zugewiesen). In Java wird so etwas automatisch festgestellt - d.h. der Compiler stellt fest, dass ein Objekt nirgends mehr verwendet werden kann und gibt daraufhin den entsprechenden Speicherplatz wieder frei. Wir brauchen also nur zu wissen, dass wir uns um die "Entsorgung"von nicht mehr benötigten Objekten in Java keine Gedanken machen müsse.

Zurück zu unserem String: wir können auf einem `String`-Objekt nun die `Methoden` der String-Klasse aufrufen. Zur Erinnerung: Methodenaufrufe erfolgen in folgender Syntax:

```
OBJEKT.METHODENNAME(PARAMETERLISTE);
```

Wir werden exemplarisch einige gebräuchliche String-Methoden betrachten. (Beachten Sie, dass diese Aufzählung der String-Methoden nicht vollständig ist)

```
1  String myString = "hallo du";
2  int laenge = myString.length();
3  boolean isEmpty = myString.isEmpty();
4  boolean isEmptyEquiv = myString.length() == 0;
5  char ch = myString.charAt(3);
6  boolean cont = myString.contains("hallo");
7  int index = myString.indexOf("du");
8  boolean gleichheit = myString.equals("hey du");
9  String konkat = myString + " wie gehts?";
```

Wir gehen diese Anweisungen nun einmal der Reihe nach durch: in Zeile 2 wird die Länge der Zeichenkette bestimmt. Im konkreten Fall sind das 8 Zeichen. Zeile 3 prüft, ob eine Zeichenkette leer ist, d.h. gar keine Zeichen enthält. Das ist hier nicht der Fall, daher wird `false` zurück gegeben. Zeile 4 erledigt dieselbe Aufgabe, aber auf andere Weise: es wird mit der `length()`-Methode die Anzahl der Zeichen bestimmt und dann mit Hilfe des Gleichheitsoperators `==` bestimmt, ob die Länge 0 ist.

Mittels `charAt()` kann ein einzelnes Zeichen innerhalb der Zeichenkette bestimmt werden. Als Parameter wird angegeben, das wievielte Zeichen zurück gegeben werden soll. Beachten Sie, dass in solchen Fällen in der Informatik eigentlich so gut wie immer bei 0 zu zählen begonnen wird: das erste Zeichen hat den Index 0, das zweite Zeichen den Index 1 usw. Mit `charAt(3)` fragen wir demnach also das vierte Zeichen der Zeichenkette ab (im Beispiel ist dies ein kleines l). Zudem ist auch zu beachten: wird ein zu großer Index angegeben, tritt wieder eine Exception auf, d.h. das Programm stürzt ab. Das geschieht also zum Beispiel, wenn eine Zeichenkette nur 10 Zeichen hat, mit `charAt()` aber die 11. Stelle abgefragt wird.

Zeile 6 im Beispiel zeigt die Methode `contains()`: es wird geprüft, ob ein Teilstring enthalten ist. Ist der Teilstring in der Zeichenkette enthalten, wird `true` zurück geliefert, ansonsten `false`.

Zeile 7 zeigt eine Präzisierung von `contains()`: mittels `indexOf()` kann man nicht nur feststellen, ob ein Teilstring enthalten ist, sondern auch die Position innerhalb der Ursprungs-Zeichenkette. Es wird ein Index zurück gegeben, der angibt, an welcher Stelle innerhalb des Originalstrings der Teilstring zu finden ist. Hier gilt wiederum: Index 0 bedeutet, dass der Teilstring direkt am Anfang zu finden ist, Index 1 bedeutet, dass der Teilstring ab dem zweiten Zeichen zu finden ist. In unserem Beispiel wird die Position von "du" innerhalb von "hallo du"gesucht, was 6 ergibt.

Wird ein Teilstring mehrmals innerhalb der Zeichenkette gefunden, wird die Position des ersten Vorkommens zurück gegeben. Wird ein Teilstring garnicht gefunden, wird -1 zurück gegeben.

Zeile 8 zeigt die `equals()`-Methode: mit ihr wird überprüft, ob zwei Strings identisch sind (d.h. die selben Zeichenketten enthalten) und ein entsprechender `boolean`-Wert wird zurück gegeben.

Zeile 9 zeigt, dass wir auf Strings auch den bereits bekannten +-Operator anwenden können. In diesem Fall werden die beiden Strings aneinander gehängt und ein neuer String zurück gegeben. Die ursprünglichen Strings bleiben unverändert. Der String `konkat` beinhaltet also am Ende die Zeichenkette "hallo du wie gehts?".

Zeichenketten können wir innerhalb eines Java-Programmes auch mittels `System.out.println()` auf der Standard-Ausgabe anzeigen lassen:

```
System.out.println(myString);
```

Es gibt noch viele weitere String-Methoden, die wir hier aber nicht im Detail besprechen werden. Beispielsweise gibt es Methoden zum lexikografischen Vergleich von Zeichenketten, Methoden um Teilstrings zu extrahieren, Methoden um Strings zu transformieren (z.B. Umwandlung in Kleinbuchstaben, Entfernung von Leerraum), Methoden um innerhalb von Strings nach Mustern zu suchen und Muster zu ersetzen sowie Methoden um Zeichenketten aufzuteilen.

In der offiziellen Referenz[5] von Java finden Sie bei Bedarf ausführliche Erklärungen dieser Methoden.

8.2 Primitive Datentypen zu Strings konvertieren und umgekehrt

Mithilfe der Wrapper-Klassen für primitive Datentypen können in Zeichenketten enthaltene Zahlen (oder auch Zeichen) in den entsprechenden Datentyp konvertiert werden.

Beispiel:

```
String intAlsString = "125";
int intAlsInt = Integer.parseInt(intAlsString);
```

Die Wrapper-Klasse Integer besitzt eine statische Methode parseInt(). Eine statische Methode ist eine Methode, für die man keine Instanz einer Klasse benötigt. Zur Erinnerung: für gewöhnlich erfolgen Methodenaufrufe auf einem konkreten Objekt in der Form OBJEKT.METHODE(PARAMETERLISTE). Statische Methoden benötigen dagegen keine Instanz und können in der Form TYP.METHODE(PARAMETERLISTE) aufgerufen werden. Wir werden das später noch genauer betrachten.

Für den Moment reicht uns das Wissen, dass wir die statische Methode parseInt() der Wrapper-Klasse Integer aufrufen können und diese versucht, aus der Zeichenkette, die als Parameter übergeben wird, einen int-Wert zu lesen. In der Zeichenkette könnten natürlich auch beliebige Zeichen enthalten sein, die sich nicht als Ganzzahl parsen lassen. In diesem Fall würde beim Aufruf der Funktion parseInt() eine Exception auftreten und das Programm abstürzen.

Man kann übrigens auch den umgekehrten Weg gehen und eine Ganzzahl in eine Zeichenkette verwandeln. Dazu benötigt man die statische Methode valueOf() der Klasse String:

```
int intAlsInt = 125;
String intAlsString = String.valueOf(intAlsInt);
```

Nach gleichem Schema lassen sich auch alle anderen primitiven Datentypen zwischen Zeichenkette und konkretem Wert hin und her konvertieren.

---

[5]https://docs.oracle.com/javase/7/docs/api/java/lang/String.html

9 Klassen und Objekte

Java ist eine objektorientierte Sprache und Klassen spielen dabei eine große Rolle. Die Objektorientierung ist sicherlich das Herz von Java. Wir haben im einführenden Kapitel über Objektorientierung bereits ein erstes Beispiel gesehen, was eine Klasse und was ein Objekt ist, das Thema jedoch noch nicht vertieft. Das werden wir jetzt nachholen.

Nochmal zum besseren Verständnis: Eine Klasse ist ein Sammelbecken für ähnliche Objekte. Man nennt die Objekte auch Instanzen der Klasse. `Mensch` wäre ein Beispiel für eine Klasse, `Erna` und `Peter` wären Instanzen dieser Klasse, d.h. Objekte. Zusätzlich könnte es eine Klasse `Hund` geben und `Waldi` wäre dann eine Instanz der Klasse `Hund` (nicht aber der Klasse `Mensch`).

Eine Klasse fasst also gleichartige Objekte zusammen. Die einzelnen Instanzen der Klasse können sich durchaus voneinander unterschieden (z.B. bei der Klasse `Mensch` können Name, Größe, Gewicht und Geburtsdatum sich von Instanz zu Instanz unterscheiden).

9.1 Merkmale von Klassen

Eine Klasse wird durch dreierlei Merkmale charakterisiert: den Klassennamen, die Eigenschaften (auch Attribute genannt) der Klasse sowie die Methoden der Klasse.

9.1.1 Der Klassenname

Als Klassenname wählt man in der Regel eine sprechende Bezeichnung (also z.B. `Mensch` und nicht `XG6iks`). Im Wesentlichen sind Zahlen, Buchstaben und Unterstriche erlaubt, aber z.B. keine Leerzeichen. Der Klassenname muss eindeutig sein, d.h. man darf nicht mehrere Klassen in einem Programm haben, die denselben Namen tragen. Es gibt davon jedoch eine Ausnahme, die wir später noch im Rahmen des Besprechung von Packages kennen lernen werden.

9.1.2 Eigenschaften / Attribute

Eine Klasse kann eine beliebige Anzahl von Eigenschaften/Attributen besitzen. Ein Attribut ist einfach eine Variable, der man einen Wert eines primitiven Datentypen zuweisen kann oder auch ein Objekt (d.h. eine Instanz einer Klasse). Verdeutlichen kann man das wieder an einem einfachen Beispiel: die Klasse `Mensch` könnte ein Attribut `gewicht` vom Typ `double` haben. Jede Instanz der Klasse Mensch kann nun einen Wert für dieses Attribut aufnehmen: Bei der Instanz `Erna` könnte das Attribut den Wert 50.5 haben und bei der Instanz `Peter` könnte das Attribut den Wert 75.0 haben (d.h. Erna wiegt 50,5 kg und Peter wiegt 75 kg).

Eine Klasse wird also dadurch charakterisiert, dass jede Instanz der Klasse die gleichen Eigenschaften besitzt, die Werte dieser Eigenschaften sich aber durchaus unterscheiden können. (Alle Instanzen der Klasse `Mensch` haben ein Gewicht, der Wert kann sich aber von Instanz zu Instanz unterscheiden.)

Attribute werden angelegt wie einfache Variablen:

```
double gewicht;
```

Wenn man auf ein Attribut innerhalb derselben Klasse, zu der das Attribut gehört, zugreifen möchte, kann man es einfach über seinen Namen ansprechen:

```
gewicht = 52.5;
double gewichtAktuellesObjekt = gewicht;
```

Möchte man später auf ein Attribut bei einem bestimmten Objekt zugreifen, benötigt man zusätzlich den Namen des Objektes:

```
erna.gewicht = 52.5;
double gewichtVonErna = erna.gewicht;
```

9.1.3 Methoden

Ebenso kann eine Klasse eine beliebige Anzahl von Methoden beinhalten. Eine Methode ist eine Ansammlung von Code-Anweisungen, die "auf Befehl "ausgeführt werden können. Wenn man z.B. den selben Code mehrmals an verschiedenen Stellen ausführen möchte, bietet es sich an, den Code in eine Methode zu stecken. Dann genügt es, die Methode dort, wo der Code benötigt wird, einfach nur noch über den Methodennamen aufzurufen.

Methoden sind in der Regel an Instanzen einer Klasse gebunden: eine Methode wird nicht einfach so aufgerufen, sondern in Verbindung mit einer konkreten Instanz einer Klasse. Innerhalb der Methode können dann z.B. die Attribute dieser Klasseninstanz verändert werden.

Verdeutlichen wir uns das ganze wieder an unserem fiktiven Beispiel der Klasse `Mensch`. Diese Klasse könnte eine Methode `essen` besitzen. Die Methode würde in diesem Fall nichts anderes machen als einfach das Attribut `gewicht` zu ändern, nämlich um 0.5 zu vergrößern. Soll heißen: wenn der Mensch isst, erhöht sich sein Gewicht um 0.5 kg. Die Methode kann in Verbindung mit den konkreten Instanzen der Klasse aufgerufen werden, z.B. mit der Instanz `Peter`. In dem Fall würde die Variable `gewicht` dieser Instanz um 0.5 erhöht. Wenn noch andere Instanzen der Klasse existieren, bleibt der Wert `gewicht` bei diesen Instanzen natürlich unverändert.

Bei einem Methodenaufruf können der Methode *Parameter* übergeben werden. Parameter sind nichts weiter als Variablen, die irgendwo außerhalb der Methode angelegt wurden und nun als Parameter in die Methode herein gereicht werden, sodass sie innerhalb der Methode verwendet werden können. Es kann eine beliebige Anzahl an Parametern an eine Methode übergeben werden. Ebenso können die Parameter von beliebigen Typen sein, es können also Werte von primitiven Datentypen an die Methode übergeben werden, ebenso wie auch Objekte übergeben werden können.

Zudem kann eine Methode einen sogenannten *Rückgabewert* besitzen. Einen Rückgabewert kann man sich vorstellen wie ein Endergebnis einer Methode. Eine Methode ist ja grundsätzlich dazu angedacht, eine bestimmte Aufgabe durchzuführen. Das Ergebnis, das aus der Durchführung dieser Aufgabe entsteht, kann dann an die aufrufende Stelle zurück gegeben werden. Anders als bei den Parametern kann eine Methode maximal einen Rückgabewert besitzen.

Methoden werden über folgende Syntax angelegt:

```
Rueckgabetyp Methodenname(<Liste_der_Parameter>)
{
  Anweisung_1;
  Anweisung_2;
  ...
}
```

Wenn eine Methode keinen Rückgabewert besitzen soll, wird der Rückgabetyp `void` benutzt. Die Elemente der Parameterliste werden durch Kommata getrennt. Für jeden Parameter wird der Typ des Parameters sowie der gewählte Name angegeben.

Beispiel:

```
void gehen(int distanz)
{
  position += distanz;
}
```

Beim Aufruf einer Methode innerhalb der eigenen Klasse wird die Methode einfach durch den Methodennamen angesprochen, der die Parameterliste folgt. Die Parameter werden nun jedoch nur noch über ihren Namen angesprochen, der Typ braucht nicht erneut angegeben zu werden:

```
gehen(17);
```

Wenn eine Methode später auf einem bestimmten Objekt aufgerufen wird, muss zusätzlich der Name des Objektes angegeben werden:

```
erna.gehen(17);
```

Bei Methoden, die einen Rückgabewert besitzen, wird der Rückgabewert über die `return`-Anweisung zurückgegeben. Durch die Verwendung der `return`-Anweisung wird die Ausführung der Methode auf jeden Fall beendet.

```
int addiere(int summand1, int summand2)
{
  return summand1 + summand2;
}
```

Aufrufe von Methoden, die einen Wert zurück geben, können auf der rechten Seite einer Zuweisung verwendet werden. Der zurückgegebene Wert wird dann bei der Zuweisung verwendet:

```
int summe = addiere(2, 5);
```

Das `return`-Statement kann innerhalb von `void`-Methoden verwendet werden, um die Ausführung der Methode vorzeitig abzubrechen:

```
void doSomething(int arg1)
{
  if (arg1 > 12)
    return;

  int arg2 = 12 - arg1;
  ...
}
```

9.1.4 public und private

Sowohl für Attribute als auch Methoden gilt: sie können entweder privat oder öffentlich sein. Was bedeutet das? Nun, auf ein privates Attribut kann nur von innerhalb der Klasse selbst zugegriffen werden. "Innerhalb der Klasse" bedeutet dabei "Code, der sich innerhalb der Klassendefinition befindet, d.h. innerhalb einer der Methoden der Klasse". Auf ein Attribut, das privat ist, kann also nicht aus einer anderen Klasse heraus zugegriffen werden. Selbiges gilt für private Methoden: auch diese können nur innerhalb der Klasse selbst verwendet werden, aus anderen Klassen heraus kann man auf private Methoden nicht zugreifen.

Öffentliche Attribute und Methoden (`public`) können dagegen auch von anderen Klassen verwendet werden. Die Schlüsselwörter `public` und `private` nennt man "Zugriffsmodifizierer", da sie festlegen, von wo aus auf ein Attribut / eine Methode zugegriffen werden kann. Es gibt übrigens noch weitere Zugriffsmodifizierer. `public` und `private` sind dabei die wichtigsten, wir werden später jedoch noch einen weiteren Zugriffsmodifizierer kennen lernen.

Die Zugriffsmodifizierer werden bei der Erstellung von Attributen und Methoden der Definition vorangestellt:

```
private int gewicht;
public void gehen(int distanz)
{
  position += distanz;
}
```

9.1.5 getter und setter

Eventuell hört sich das Konzept der Zugriffsmodifizierer zunächst einmal umständlich an. Warum sollte man den Zugriff auf Attribute und Methoden beschränken? Das macht es doch unnötig kompliziert, oder?

Bei der objektorientierten Programmierung möchte man Probleme bzw. deren Lösungen mit Hilfe von eigenständigen Objekten modellieren. Ein Objekt soll "in sich stimmig " sein, es soll Sinn ergeben. Das Objekt soll bestimmte Schnittstellen haben, mit Hilfe derer es mit der Außenwelt interagieren kann - aber die Innereien müssen der Außenwelt nicht unbedingt bekannt sein. Wenn Sie eine Klasse `Addierer` haben und eine Methode `addiereZweiZahlen`, dann ist es für die Außenwelt nur wichtig, dass die Methode das korrekte Ergebnis liefert. Wie die Methode zu dem Ergebnis gekommen ist, ist dagegen irrelevant. Es mag verschiedene Methoden geben, zwei Zahlen zu addieren - eventuell möchte man ja später eine bessere, effizientere Methode verwenden? Daher schützt man den Zugriff auf die Innereien - so kann man sicher sein, dass die Innereien nicht auch an anderen Stellen im Programm verwendet werden. Deshalb kann man später eine private Hilfe-Methode auch einfach entfernen und durch eine effizientere Methode ersetzen.

Außerdem möchte man, dass ein Objekt zu jedem Zeitpunkt sich in einem konsistenten Zustand befindet. Was bedeutet konsistenter Zustand? Denken Sie wieder an unsere fiktive Klasse `Mensch` mit dem Attribut `gewicht`. Wäre das Attribut öffentlich, könnte es einfach von außen verändert werden, mit jedem beliebigen Wert - z.B. auch einem negativen Wert. Ein Mensch mit einem negativen Wert, macht natürlich keinen Sinn. Daher macht man das Attribut privat und lässt einen Zugriff von außen nur über Zugriffsmethoden zu. In den Zugriffsmethoden kann man ungültige Werte abfangen und damit sicherstellen, dass niemals ein ungültiger Wert von außen zugewiesen wird.

Bei den Zugriffsmethoden unterscheidet man *getter* und *setter*. getter werden verwendet, um auf den Wert einer Variablen zuzugreifen und mit settern kann man den Wert einer Variable ändern. Dabei können dann z.B. auch ungültige Werte abgefangen werden. Als Programmierer können Sie natürlich immer selbst entscheiden, ob Sie getter/setter-Methoden verwenden und welche Besonderheiten diese aufweisen sollen. Sie haben damit die volle Kontrolle darüber, wie auf die Daten eines Objektes zugegriffen werden kann.

```
public void setGewicht(double neuesGewicht)
{
  if (neuesGewicht > 0)
    gewicht = neuesGewicht;
}

public double getGewicht()
{
  return gewicht;
}
```

9.1.6 Statische Attribute und Methoden

Zuvor haben wir gesagt, dass sich Attribute und Methoden immer auf eine konkrete Instanz einer Klasse beziehen. Man kann jedoch auch Attribute und Methoden anlegen, die sich nicht auf ein konkretes Objekt beziehen, sondern auf die gesamte Klasse. Man spricht dann von statischen Attributen bzw. statischen Methoden.

- Ein statisches Attribut ist ein Attribut, das sich auf eine Klasse bezieht, nicht auf ein Objekt. Das bedeutet, das Attribut wird für die gesamte Klasse nur einmal vergeben: es kann nicht für jede Instanz der Klasse einen unterschiedlichen Wert oder ein unterschiedliches Objekt annehmen, sondern nur einen einzelnen Wert bzw. ein einzelnes Objekt. Das statische Attribut kann demnach auch schon existieren, wenn es noch gar keine Instanz einer Klasse gibt. Stellen Sie sich vor, die Klasse Mensch hätte eine statische double-Variable maximalGewicht. Man kann diese statische Variable bereits mit einem Wert belegen und auf die Variable zugreifen, wenn noch gar keine Instanz von Mensch existiert. Hat man einmal einen Wert festgelegt, gilt dieser für alle Instanzen (d.h. man kann kein Maximalgewicht für jeden einzelnen Menschen festlegen, sondern nur ein Maximalgewicht, das für alle Menschen gilt).

Bei der Definition eines statischen Attributes wird zusätzlich zu den bereits bekannten Elementen noch das Schlüsselwort static hinzugefügt:

```
public static double maximalGewicht;
```

Möchte man auf ein statisches Attribut zugreifen, verwendet man statt dem Namen des Objektes den Namen des Typen:

```
int maxGewicht = Mensch.maximalGewicht;
```

- Ebenso bezieht sich eine statische Methode auf eine Klasse und nicht auf ein konkretes Objekt. Das bedeutet, die statische Methode kann bereits verwendet werden, wenn noch gar keine Instanz dieser Klasse existiert. Eine statische Methode hat keinen *direkten* Zugriff auf die nicht-statischen Attribute und Methoden, denn diese sind ja an konkrete Instanzen der Klasse gekoppelt. Übergibt man einer statischen Methode dagegen eine konkrete Instanz der Klasse als Parameter, kann sie natürlich auch auf die nicht-statischen Attribute und Methoden dieser übergebenen Instanz zugreifen.

Bei der Erstellung einer statischen Methode wird ebenfalls das Schlüsselwort static zur Definition hinzugefügt:

```
public static void doSomething()
{
   ...
}
```

Der Zugriff erfolgt abermals unter Nutzung des Typnamens statt des Objektnamens:

```
MeinTyp.doSomething();
```

9.1.7 Konstruktoren

Eine Besonderheit gibt es noch bei den Methoden: wenn ein Objekt erzeugt wird, wird eine spezielle Methode, die man *Konstruktor* nennt, aufgerufen. Der Konstruktor dient dazu, das Objekt zu initialisieren (d.h. z.B. die Attribute mit sinnvollen Startwerten zu belegen).

Eine Klasse kann mehrere Konstruktoren besitzen. Konstruktoren, die keine Parameter nehmen, nennt man Standardkonstruktor. Wenn Sie einer Klasse keinen Konstruktor hinzufügen, wird automatisch ein Standardkonstruktor generiert. Innerhalb des Standardkonstruktors werden dabei alle Attribute mit Default-Werten vorbelegt.

Ein Konstruktor wird über folgende Syntax erzeugt:

```
Zugriffsmodifizierer Name_des_Typs(<Liste_der_Parameter>)
{
  Anweisung_1;
  ...
}
```

Innerhalb des Rumpfs des Konstruktors darf das Schlüsselwort `return` nicht verwendet werden. Das initialisierte neue Objekt wird vom Konstruktor automatisch zurückgegeben.

Beim Aufruf eines Konstruktors muss das Schlüsselwort `new` verwendet werden. Da der Konstruktoraufruf automatisch das neu erstellte Objekt zurück gibt, kann er auf der rechten Seite einer Zuweisung verwendet werden:

```
Mensch erna = new Mensch();
```

9.1.8 Das Schlüsselwort this

Innerhalb der Definition einer Klasse kann man, wie zuvor erwähnt, einfach über den Namen auf Attribute und Methoden der eigenen Instanz zugreifen. Um zu verdeutlichen, dass sich ein Zugriff auf die aktuelle Instanz bezieht, kann man das Schlüsselwort `this` verwenden:

Anstatt von

```
gewicht = 52;
essen();
```

schreibt man dann

```
this.gewicht = 52;
this.essen();
```

9.2 Eine Klasse definieren

Jetzt haben wir die wichtigsten Merkmale einer Klasse besprochen, nun fügen wir das alles zusammen und erstellen eine erste Klasse. Wir definieren die Klasse Mensch, die wir zuvor bereits mehrfach als Beispiel zur Veranschaulichung verwendet haben.

```java
public class Mensch
{
  private double gewicht;

  private static double maxGewicht = 150.0;

  public Mensch(double dasGewicht)
  {
    gewicht = dasGewicht;
  }

  public void essen()
  {
    gewicht += 0.5;
  }

  public double getGewicht()
  {
    return gewicht;
  }

  public void setGewicht(double neuesGewicht)
  {
    if (neuesGewicht > 0 && neuesGewicht <= Mensch.maxGewicht)
      gewicht = neuesGewicht;
  }
}
```

Diese Klassendefinition gehen wir jetzt im Detail durch. Eine Klasse wird deklariert durch den Ausdruck

```java
Sichtbarkeitsmodifizierer class Klassenname
{
  ...
}
```

Auch die Sichtbarkeit einer Klasse kann also durch einen Modifizierer eingeschränkt werden, in den meisten Fällen macht hier aber nur public Sinn. Danach folgt das Schlüsselwort class, danach der selbst gewählte Name der Klasse. Das nachfolgende Paar von geschweiften Klammern signalisiert, das alles, was sich innerhalb des Klammerpaares befindet, zur Klasse gehört.

Innerhalb der Klasse finden wir nun die einzelnen Elemente, die wir zuvor besprochen haben.

Zunächst legen wir ein privates `double`-Attribut mit dem Namen `gewicht` an. Es folgt ein privates, statisches Attribut `maxGewicht`, das direkt mit dem Wert 150 belegt wird. Dieses soll später verwendet werden, um das maximal mögliche Gewicht einer `Mensch`-Instanz zu begrenzen. Das maximale Gewicht bezieht sich auf die gesamte Klasse Mensch und nicht auf eine einzelne Instanz - deshalb haben wir es als statisches Attribut angelegt.

Danach folgt der Konstruktor - das ist also die Methode, die verwendet wird, um ein neu angelegtes Objekt zu initialisieren. Der Konstruktor erhält als Parameter einen Wert, der das Gewicht des Menschen angeben soll. Im Konstruktor wird dann lediglich das private Attribut `gewicht` mit dem übergebenen Wert initialisiert.

Es folgt die Methode `essen`. In dieser wird lediglich der Wert des Attributes `gewicht` um 0,5 erhöht.

Schließlich folgen getter bzw. setter für das `gewicht`-Attribut. Der getter liefert einfach den Wert des Attributes. Im setter werden dagegen ungültige Werte abgefangen: nur wenn das neue Gewicht größer als 0 ist, wird es tatsächlich im Attribut `gewicht` gespeichert. Außerdem wird geprüft, ob das neue Gewicht das festgelegte Maximalgewicht nicht überschreitet. Dazu wird auf die statische Variable `maxGewicht` zugegriffen.

9.3 Klassen und Objekte verwenden

Wir haben jetzt gesehen, wie wir eine Klasse anlegen können. Nun möchten wir natürlich noch wissen, wie man so eine Klasse und seine Objekte benutzt.

9.3.1 Ein Instanz erstellen

Eine Variable, die ein Objekt aufnehmen können soll, kann genauso deklariert werden wie eine normale Variable eines primitiven Datentypen:

```
Mensch erna;
```

Jetzt haben wir eine Variable angelegt, die ein Objekt aufnehmen kann, aber wir haben noch kein Objekt. Objekte werden mit dem `new`-Operator angelegt:

```
erna = new Mensch(50.0);
```

Die Instanziierung erfolgt also nach folgender Syntax:

```
new KLASSENNAME(PARAMETERLISTE)
```

In diesem Fall wird der Konstruktor aufgerufen und diesem die Parameter übergeben. (Erinnern Sie sich: Der Konstruktor wird verwendet zur Initialisierung eines neu erstellen Objektes.

Unser Mensch-Konstruktor weist der `gewicht`-Variable den übergebenen Wert zu. In unserem Beispiel hätte das `gewicht`-Attribut vom Objekt `erna` nach der Initialisierung den Wert 50.0)

9.3.2 Klassen-Instanzen verwenden

Wenn eine Instanz einer Klasse erst einmal erstellt ist, kann sie danach auch verwendet werden. Genauer gesagt, man kann auf die Attribute und Methoden der Instanz zugreifen. (Zur Erinnerung: Von außerhalb der Klasse besteht nur auf die öffentlichen Attribute und Methoden Zugriff.)

Der Zugriff auf Attribute und Methoden erfolgt über den Punkt(.)-Operator nach folgender Syntax:

OBJEKT.ATTRIBUT

bzw

OBJEKT.METHODENNAME(PARAMETERLISTE)

Die Parameterliste unterscheidet sich hierbei jedoch von der, die wir bei der Definition einer Methode verwendet haben: bei der Definition der Methode werden die Parameter als durch Komma getrennte Liste von TYP NAME-Paaren angegeben. Beim Aufruf müssen (und dürfen) wir den Typ nicht mehr angeben, ein Parameter ist einfach ein Ausdruck, der zu einem Wert oder einem Objekt evaluiert, z.B. eine Variable, die einen entsprechenden Wert vom gewünschten Typ beinhaltet.

Beispielsweise können wir mit der Mensch-Klasse auf folgende Weise interagieren:

```
Mensch erna = new Mensch(50.0);
erna.essen();
double neuesGewicht = erna.getGewicht();

erna.setGewicht(180.0);
neuesGewicht = erna.getGewicht();
```

Zuerst legen wir eine Variable an, die ein `Mensch`-Objekt aufnehmen kann und erstellen direkt ein neues `Mensch`-Objekt, das wir dieser Variable zuweisen.

Nun rufen wir die `essen`-Methode auf. (Intern wird dann das `gewicht`-Attribut der Instanz geändert.) Nun fragen wir das Gewicht über die getter-Methode `getGewicht` ab. Wir sollten dann den Wert 50.5 erhalten, der in der Variable `neuesGewicht` gespeichert wird.

Als nächstes versuchen wir, das Gewicht vom Objekt `erna` manuell zu ändern, indem wir die setter-Methode `setGewicht` mit dem Parameter 180.0 aufrufen. Doch erinnern wir uns an die Implementierung dieser Methode: es wird geprüft, ob das gelieferte neue Gewicht ein Maximalgewicht nicht überschreitet. Das Maximalgewicht war in diesem Fall für alle Menschen auf 150.0 festgesetzt. Da wir ein zu großes Gewicht angegeben haben, wird das Gewicht von erna nicht geändert und unser abschließender Aufruf von getGewicht liefert uns erneut das bereits bekannte Gewicht von 50.5 .

9.4 Packages

Wir hatten zuvor gesagt, dass der Name einer Klasse eindeutig sein muss: der Name einer Klasse darf nicht auch der Name einer anderen Klasse sein. Und das ist so auch richtig. Die Frage ist: was ist denn der Name einer Klasse?

Wir haben zuvor die Klasse Mensch gesehen. Der Name der Klasse lautet trivialerweise Mensch. In Java gibt es jedoch auch die Möglichkeit, Klassen hierarchisch zu gruppieren, indem man Klassen, zwischen denen ein Bezug besteht, zu einem Paket (engl. package) zusammen fasst. Hierarchisch bedeutet dabei, das ein Paket auch wiederum andere Unter-Pakete beinhalten kann.

Unsere Klasse Mensch könnte z.B. in folgender Klassenhierarchie stehen:

```
meineklassen
   lebewesen
      Mensch
      Tier
   geraete
      Roboter
      Traktor
externeklassen
   hilfsklassen
      Rechner
      Stringfunktionen
```

Die Klasse Mensch wäre also Teil des Paketes lebewesen. Das Paket lebewesen wiederum wäre Teil des Paketes meineklassen. Das Paket meineklassen besteht aus den Paketen lebewesen und geraete, wobei diese beiden Pakete jeweils aus zwei Klassen bestehen.

Die Pakethierarchie ist nun immer auch Teil des voll qualifizierten Namens einer Klasse. Komplett ausgeschrieben würde der Klassenname der Klasse Mensch also meineklassen.lebewesen.Mensch lauten. Wir könnten nun z.B. auch eine Klasse Mensch im Paket geraete anlegen, das würde gehen, weil deren voll ausgeschriebener Name dann meineklassen.geraete.Mensch lauten würde. Es darf nur im Paket lebewesen keine weitere Klasse mit dem Namen Mensch angelegt werden.

Und wie werden Pakete im Java-Code realisiert? Zunächst einmal: die Pakethierarchie muss exakt so auch auf Dateiebene realisiert werden, wobei Pakete als Ordner zu verstehen sind und Klassen als .java-Dateien. Wir brauchen also eine Ordner-Hierarchie, die genau der Paket-Hierarchie entspricht.

Im Beispiel würde das bedeuten: unser Hauptverzeichnis enthält zwei Ordner, meineklassen und externeklassen. Der Ordner meineklassen enthält wiederum zwei Ordner, nämlich lebewesen und geraete. Und jeder dieser beiden Unterordner enthält dann zwei .java-Dateien, in denen die entsprechenden Klassen enthalten sind. Die Namen der .java-Dateien müssen auch exakt den (einfachen) Klassennamen entsprechen, d.h. im Ordner lebewesen befinden sich zwei Dateien mit den Namen Mensch.java und Tier.java.

Zudem muss in der ersten Zeile des Codes ebenfalls die Klassenhierarchie angegeben werden:

```
package meineklassen.lebewesen;

public class Mensch
{
...
}
```

9.4.1 Zugriff auf Klassen innerhalb von Packages

Nun stellt sich noch die Frage, mit welchem Namen man Klassen ansprechen muss, die sich innerhalb von Paketen befinden. Müssen wir jedes Mal den komplett ausqualifizierten Namen einer Klasse verwenden (z.B. wenn wir eine Variable von einem entsprechenden Typ anlegen)?

Merken Sie sich dazu die folgenden Grundregeln:

- Wenn wir uns innerhalb einer Klasse befinden, die im selben Paket liegt, wie die Klasse, die wir ansprechen wollen, brauchen wir den voll ausqualifizierten Namen **nicht** zu verwenden, sondern es genügt der einfache Name. Wenn wir in unserem Beispiel die Klasse Tier implementieren und dabei eine Variable vom Typ Mensch anlegen wollen, können wir auch einfach Mensch schreiben und brauchen den Namen nicht voll auszuqualifizieren als meineklassen.lebewesen.Mensch.

- Wenn wir uns innerhalb einer Klasse befinden, sie sich nicht im selben Paket befindet, dann müssen wir den Klassennamen voll ausqualifizieren. Befinden wir uns beispielsweise in der Klasse Roboter und wollen eine Variable vom Typ Mensch anlegen, müssen wir den Namen voll ausqualifizieren.

- Da Packages recht häufig verwendet werden in Java, müssten die Klassennamen sehr oft voll ausqualifiziert werden. Das kann sehr mühsam sein, daher gibt es dafür eine Abkürzung. Wir können eine Klasse oder ein ganzes Paket am Anfang des Quellcodes über eine import-Anweisung einbinden. Danach sind die Namen dann bekannt und es kann später im Code der einfache Name verwendet werden. Mittels

```
import meineklassen.lebewesen.Mensch;
```

können wir die Klasse `Mensch` importieren. Wir brauchen dann den Namen später nicht mehr voll ausqualifizieren, sondern können den einfachen Namen verwenden. Wir können aber auch das ganze Paket meineklassen.lebewesen importieren, dann können wir sowohl die Klassen `Mensch` als auch `Tier` mit ihrem einfachen Namen verwenden:

```
import meineklassen.lebewesen.*;
```

Der * symbolisiert also, dass alle Klassen des Paketes importiert werden sollen. Die import-Anweisungen schreibt man vor die Klassendefinition (d.h. nach der einleitenden package-Anweisung, aber vor das "`public class Mensch ...`").

9.5 Enumerationen

Eine besondere Form von Klassen in Java sind die *Enumerationen* oder zu deutsch, Aufzählungen. Enumerationen kann man verwenden, wenn man Klassen repräsentieren will, von denen es nur eine ganz bestimmte Anzahl an Objekten geben kann - wenn man die Objekte also durchzählen kann. Eine Beispielanwendung für Enumerationen sind die Wochentage:

```java
public enum Wochentag
{
  Sonntag, Montag, Dienstag, Mittwoch, Donnerstag, Freitag, Samstag
}

// ... Verwendung ...
Wochentag heute = Wochentag.Dienstag;

if (heute == Wochentag.Samstag)
  System.out.println("Endlich Wochenende");
```

10 Referenzen, Parameter und null

In diesem Kapitel wollen wir uns etwas genauer damit beschäftigen, was Variablen überhaupt sind und was passiert, wenn man sie als Parameter bei Methodenaufrufen verwendet.

Fangen wir jedoch vorne an: eine Variable ist eine Speichereinheit, die einen Wert enthalten kann. Wenn wir eine Variable anlegen, wird irgendwo im Speicher ein Platz reserviert, in den wir unseren Wert dann später reinschreiben können. Wir haben gesehen, dass man Variablen auch anlegen kann, ohne sie zu initialisieren, d.h. in diesem Fall wäre der Wert der Variable direkt nach dem Anlegen uninitialisiert. In der Praxis bedeutet das, dass ein Compiler-Fehler erzeugt wird, wenn man versucht, eine Variable zu lesen, die nicht initialisiert wurde.

Man muss in Java immer unterscheiden zwischen primitiven Datentypen und komplexen Objekten. Eine Variable vom Typ eines primitiven Datentypen nimmt immer einfach nur einen Wert auf, d.h. an der entsprechenden Stelle im Speicher liegt dann tatsächlich dieser Wert. Bei komplexen Objekten ist das anders: das ist ja nicht einfach nur ein Wert, sondern ein komplexes Gebilde. Denken Sie zum Beispiel an unsere Klasse Mensch aus dem vorherigen Kapitel. Wenn Sie eine Klassen-Variable anlegen, dann wird an der entsprechenden Speicherstelle nur ein Verweis (man sagt auch eine *Referenz*) auf das eigentliche Objekt vorgehalten.

Aus gut deutsch heißt das: wenn Sie ein Objekt erzeugen, liegt es *irgendwo* im Speicher. Wenn Sie das Objekt einer Variablen zuweisen, wird jedoch nicht das eigentliche Objekt in der Speichereinheit der Variablen gespeichert, sondern nur eine Referenz auf das Objekt. Eine Referenz können sie sich am ehesten als eine Adresse vorstellen: in der Klassenvariable wird also die Adresse eines Objektes, das sich *irgendwo* im Speicher befindet, gespeichert.

Doch warum ist das überhaupt von Belang? Wie wir im vorherigen Kapitel gesehen haben, kann man auch mit Klassenvariablen relativ intuitiv umgehen. Java ist relativ clever und handelt diese Innereien in Bezug auf Referenzen und Speichereinheiten für Sie automatisch, sodass man sich als Programmierer damit nicht beschäftigen muss. Der Teufel steckt aber im Detail und daher ist es in der Tat von großer Bedeutung, diese Zusammenhänge zu verstehen. Warum? Sehen Sie sich die folgenden zwei Beispiele an. (Bei der Klasse Mensch handelt es sich wieder um unsere Beispielklasse aus dem vorherigen Kapitel)

```
// Beispiel 1:
int a = 7;
int b = a;
a++;

// Beispiel 2:
Mensch erna = new Mensch(50.0);
Mensch erna2 = erna;
erna.essen();
```

Die beiden Beispiele sind von der Struktur her relativ ähnlich: es wird eine Variable angelegt und dieser ein Wert bzw. ein neues Objekt zugewiesen. Im zweiten Schritt wird jeweils eine neue Variable angelegt und dieser der Inhalt der ersten Variable zugewiesen. Im letzten Schritt wird jeweils die ursprüngliche Variable bzw. das ursprüngliche Objekt geändert: im ersten Beispiel wird die Variable a inkrementiert, im zweiten Beispiel wird auf dem Objekt erna die Methode essen aufgerufen, was dazu führt, das sich das Gewicht von erna ändert.

Die Frage ist: welchen Wert hat b am Ende und welchen Wert hat das Attribut gewicht des Objektes erna2?

Gehen wir das der Reihe nach durch. Es wird eine Variable a angelegt. In die Variable wird der Wert 7 geschrieben, d.h. an der Speicherposition, die von der Variable a repräsentiert wird, steht nun der Wert 7. Danach wird eine neue Variable b angelegt. Dieser Variable wird der Wert der Variablen a zugewiesen. Das bedeutet, es wird an die Stelle im Speicher geschaut, wo Variable a liegt, dort wird die 7 vorgefunden, also wird die 7 ebenfalls an die Speicherstelle der Variablen b geschrieben. Wir haben jetzt also zwei Stellen im Speicher an denen der Wert 7 steht. Nun wird die Variable a inkrementiert: d.h. an der Speicherstelle von a wird die 7 durch eine 8 ersetzt. Die Variable b bleibt davon unberührt, da diese sich ja an einer ganz anderen Speicherstelle befindet und mit dieser Operation gar nichts zu tun hat. Die Variable b beinhaltet also am Ende den Wert 7.

Nun gehen wir das zweite Beispiel ebenso durch. Es wird eine Klassenvariable erna vom Typ Mensch angelegt. Zudem wird ein Objekt vom Typ Mensch erzeugt mit dem new-Operator. Dieses Objekt liegt jetzt *irgendwo* im Speicher. In die Variable erna wird nun nur die Adresse dieses neuen Objektes geschrieben. (Um das konkreter zu machen, sagen wir einfach, das Objekt würde an der Adresse #AB68 liegen. Dann steht jetzt in der Klassenvariable erna die Adresse #AB68.) Danach wird eine zweite Klassenvariable erna2 vom Typ Mensch angelegt. Dieser Variablen wird der Inhalt der Variablen erna zugewiesen - d.h. die Adresse #AB68. Demnach steht nun auch in der Variable erna2 die Adresse #AB68. Das bedeutet: es existiert nur ein Objekt vom Typ Mensch, aber auf dieses Objekt kann nun über zwei Variablen zugegriffen werden. Wenn wir also über die Variable erna die Methode essen aufrufen, wird das gewicht-Attribut des Objektes um 0.5 erhöht. Wenn wir danach über die Variable erna2 auf das Gewicht zugreifen (also über erna2.getGewicht()), dann erhalten wir auch das veränderte Gewicht von 50.5, da wir ja nur ein Objekt haben, auf das nun eben über zwei Variablen zugegriffen werden kann.

Hier unterscheidet sich also das Verhalten von primitiven Datentypen und Objekten: in Variablen von primitiven Datentypen stehen direkt die Werte drin. Wird eine Variable eines primitiven Datentypen einer anderen Variable des primitiven Datentypen zugewiesen, dann wird nur der Wert kopiert. Wenn dann an der ursprünglichen Variable etwas geändert wird, hat das keinen Einfluss auf die neu zugewiesene Variable. Bei den Referenzen auf Objekte ist das eben anders: da in den Variablen nicht die Objekte selbst gespeichert werden, sondern nur die Adresse der Objekte, wird bei einer Zuweisung nicht das Objekt selbst kopiert, sondern es wird nur ein weiterer Verweis auf das Objekt erstellt. Man erhält damit über beide Variablen Zugriff auf dasselbe Objekt.

Soweit verstanden? Gut, dann kommt hier schon das nächste Beispiel.

```
// Beispiel 3:
Mensch erna = new Mensch(50.0);
Mensch erna2 = erna;

erna = new Mensch(60.0);
double gewicht = erna2.getGewicht();
```

Hier lautet also die Frage, welches Gewicht erhält man am Ende über die Abfrage `erna2.getGewicht()` ? Ist es 50.0 oder 60.0?

Wir gehen das Beispiel wiederum Schritt für Schritt durch. Es wird eine Klassenvariable `erna` vom Typ `Mensch` angelegt. Gleichzeitig wird eine konkrete Instanz erzeugt, diese wird *irgendwo* im Speicher abgelegt (sagen wir, es wäre die Adresse #F3A6) und in der Variable `erna` die Adresse (#F3A6) gespeichert. Nun wird eine neue Variable `erna2` angelegt und der Inhalt der Variable `erna` kopiert (d.h. die Adresse), sodass nun auch in der Variable `erna2` die Adresse #F3A6 gespeichert ist.

Nun wird aber plötzlich ein neues Objekt vom Typ Mensch erzeugt (sagen wir, es liegt an der Speicheradresse #A889), und der Variable `erna` eben diese Speicheradresse zugewiesen. Das heißt, die Adresse des ersten Objektes, #F3A6, wird aus der Variable `erna` entfernt und die Adresse #A889 hinein geschrieben. Es existieren jetzt zwei Objekte. Das zuerst angelegte Objekt ist jetzt nur noch über die Variable `erna2` erreichbar, das zuletzt angelegte Objekt über die Variable `erna`.

In der Variable `erna2` ist immer noch die Adresse #F3A6 enthalten, an der das erste Objekt gespeichert ist. Wir haben ja an der Variable `erna2` keine Änderung vorgenommen, sondern nur ein neues Objekt erzeugt und das der Variablen `erna` zugewiesen. Das ursprüngliche Objekt ist noch unverändert, was bedeutet, das man über den Methodenaufruf `erna2.getGewicht()` das Gewicht des ersten erzeugten Objektes geliefert bekommt, 50.0.

10.1 Referenzen bei Methodenaufrufen

Jetzt gehen wir noch einen Schritt weiter und schauen uns an, was bei Variablen beim Aufruf von Methoden geschieht. Als Faustregel sei hier gleich gesagt: bei einem Methodenaufruf werden die Werte der übergebenen Variablen kopiert. Es werden von Java also automatisch neue Variablen angelegt, in die die Werte der ursprünglichen Variablen kopiert werden. Dies ist der Fall sowohl bei primitiven Datentypen als auch bei Referenzen. Bei primitiven Datentypen wird der Wert direkt kopiert, bei Referenzen wird eine neue Variable angelegt, die die gleiche Adresse enthält. Man nennt das *Call-by-Value*.

Um das zu verdeutlichen, sehen wir uns einige Beispiele an:

```
// Beispiel 4:
public void hauptmethode1()
{
  int a = 8;
  hilfsmethode1(a);
  int b = a;
}

public void hilfsmethode1(int parameter)
{
  parameter = parameter + 1;
}

// Beispiel 5
public void hauptmethode2()
{
  Mensch erna = new Mensch(50.0);
  hilfsmethode2(erna);
  double gewicht = erna.getGewicht();
}

public void hilfsmethode2(Mensch mensch1)
{
  mensch1.essen();
}

// Beispiel 6
public void hauptmethode3()
{
  Mensch erna = new Mensch(50.0);
  hilfsmethode3(erna);
  double gewicht = erna.getGewicht();
}

public void hilfsmethode3(Mensch mensch1)
{
  mensch1 = new Mensch(60.0);
}
```

(Hinweis: Um die Beispiele übersichtlich zu halten, haben wir uns auf das nötigste beschränkt und den Klassenrahmen weggelassen. Um die Beispiele auszuführen würde natürlich ein Klassenrahmen benötigt.)

Wir haben wiederum drei strukturell sehr ähnliche Beispiele verwendet. Es dreht sich in jedem Beispiel um eine Hauptmethode, innerhalb derer eine Hilfsmethode aufgerufen wird.

In Beispiel 4 wird eine int-Variable mit dem Wert 8 angelegt. Diese Variable wird nun an eine Methode übergeben, in dieser wird die Variable um 1 erhöht. Die Frage ist, welchen Wert hat am Ende in der Hauptmethode die Variable b?

Nun, beim Aufruf der `hilfsmethode1` wird eine neue Variable `parameter` erzeugt, in diese wird der Wert der Variablen a aus der Hauptmethode kopiert ("Call-by-Value"). Nun wird innerhalb der `hilfsmethode1` die neue Variable `parameter` um 1 erhöht. Da es sich um eine Kopie handelt, hat dies aber natürlich keinen Einfluss auf die Variable a in der Hauptmethode.

Der neue Wert 9 der Variable `parameter` in der `hilfsmethode1` wird nach dem Ende der `hilfsmethode1` sofort wieder verworfen und in der Variable a in der `hauptmethode1` ist nach wie vor der Wert 8 gespeichert. D.h. wenn die neue Variable b angelegt wird, wird in diese wiederum der Wert von a, 8, kopiert. b hat also am Ende den Wert 8.

Zu Beispiel 5: es wird ein Objekt erstellt (sagen wir an Adresse #CF6A) und die Referenz in der Variable `erna` gespeichert. Beim Aufruf der `hilfsmethode2` wird eine neue Variable `mensch1` erzeugt, in diese wird der Wert von `erna` aus der `hauptmethode2` kopiert: d.h. in der Variable `mensch1` ist nun auch die Adresse #CF6A gespeichert. Innerhalb der `hilfsmethode2` wird die `essen`-Methode auf dem Objekt, auf das die Variable `mensch1` verweist, aufgerufen. Das ist also das Objekt, das zu Beginn erzeugt wurde, und das sich an der Speicherposition #CF6A befindet. Das `gewicht`-Attribut dieses Objektes wird also um 0.5 vergrößert.

Nach dem Abschluss der `hilfsmethode2` gelangen wir zurück zur `hauptmethode2`, wo nun über die Variable `erna` wiederum das Gewicht ausgelesen wird. Da es sich um das gleiche Objekt handelt, das wir in der `hilfsmethode2` verändert haben, erhalten wir als Gewicht den Wert 50.5.

Beispiel 6 beinhaltet nur eine kleine Variation des ganzen: innerhalb der `hilfsmethode3` wird ein ganz neues Objekt erzeugt (sagen wir es liegt an der Speicherposition #54A3) und die Adresse des neuen Objektes der Variable `mensch1` zugewiesen. In `mensch1` war zuvor die Adresse des in der `hauptmethode3` erzeugten Objektes gespeichert (#CF6A), diese Adresse wird nun in der Variable `mensch1` überschrieben. In der Variable `erna` in der `hauptmethode3` ist dagegen nach wie vor die Adresse des ursprünglichen Objektes #CF6A gespeichert, da ja beim Aufruf der `hilfsmethode3` für die Variable `mensch1` eine Kopie der Variable `erna` angefertigt wurde.

Demnach erhalten wir bei der Abfrage `erna.getGewicht()` am Ende immer noch den Wert 50.0, weil das das Gewicht des ersten Objektes (das an Speicherposition #CF6A liegt) ist und dieses Objekt nicht verändert wurde. In der `hilfsmethode3` wurde zwar ein neues Objekt erzeugt, die Referenz auf dieses Objekt wurde jedoch lediglich der Variable `mensch1` zugewiesen, nicht jedoch der Variable `erna`.

Wir können aus diesen Beispielen die folgenden drei Faustregeln ableiten:

- Wird ein primitiver Datentyp an eine Methode übergeben, so haben Veränderungen an dem Wert innerhalb der aufgerufenen Methode keinen Einfluss auf den Wert außerhalb.

- Wird ein Objekt als Parameter an eine Methode übergeben, so wird lediglich eine Kopie der Referenz erstellt, jedoch keine Kopie des Objektes selbst: Änderungen, die über Methodenaufrufe an dem Objekt innerhalb der aufgerufenen Methode durchgeführt werden, haben auch außerhalb dieser Methode Bestand.

- Wird ein Objekt als Parameter an eine Methode übergeben und es wird innerhalb der Methode keine Änderung an dem Objekt selbst vorgenommen, sondern lediglich an der Referenz (d.h. indem der Parametervariablen eine neue Referenz zugewiesen wird): dann hat das auf die Referenz und das Objekt außerhalb dieser Methode keinen Einfluss.

10.2 null-Referenzen

Variablen, die keine primitiven Datentypen enthalten, sondern Referenzen, können auch eine *leere Referenz* enthalten. Leere Referenz bedeutet einfach, dass in diesem Fall nicht auf ein Objekt im Speicher verwiesen wird, sondern die Variable "leer" ist. Solche Referenzen werden über das Schlüsselwort null realisiert:

```
Mensch erna = null;
```

Man verwendet das zum Beispiel, wenn man eine Referenz-Variable mit einem Standard-Wert initialisieren möchte. Man muss nun jedoch aufpassen: auf einer null-Referenz dürfen keine Methoden aufgerufen werden und es darf auch nicht versucht werden, auf Attribute zuzugreifen. Das ist logisch, da ja auf kein Objekt verwiesen wird, kann auch nicht auf eine entsprechende Methode oder ein Attribut zugegriffen werden. Versucht man das dennoch, wird das Programm eine Exception verursachen, die dann gewöhnlich zum Absturz des Programms führt.

Wenn man also nicht sicher ist, ob eine Referenz-Variable eine null-Referenz enthält, sollte man dies immer explizit prüfen, bevor man auf Methoden oder Attribute zugreifen möchte:

```
if (erna != null)
  erna.essen();
```

10.3 Vergleiche zwischen Referenzen

Wir haben in einem vorangehenden Kapitel bereits die Vergleichsoperatoren kennen gelernt. Insbesondere der Gleichheitsoperator ist dabei auch für Objekte von Interesse. Doch wann sind zwei Objekte eigentlich gleich?

```
Mensch erna1 = new Mensch(50.0);
Mensch erna2 = new Mensch(50.0);

boolean isGleich = erna1 == erna2;
```

Im Beispiel erzeugen wir zwei Instanzen von Mensch. In beiden Fällen geben wir als gewicht-Attribut 50.0 an, sodass die beiden Instanzen eigentlich gleich sein sollten. Oder? Nun, der

Vergleich erna1 == erna2 liefert `false`: es werden zwei Instanzen an unterschiedlichen Stellen im Speicher erstellt, die beiden Instanzen haben aber zufälligerweise den gleichen Wert beim einzigen Attribut. Verglichen werden hier dennoch nur die Referenzen und da es sich um zwei Objekte an unterschiedlichen Stellen im Speicher handelt, liefert der Vergleich das Ergebnis `false`. Es wird also geprüft, ob es sich tatsächlich um dasselbe Objekt handelt und nicht um ein anderes Objekt, das eventuell bloß völlig gleich aussieht.

```
Mensch erna1 = new Mensch(50.0);
Mensch erna2 = erna1;

boolean isGleich = erna1 == erna2;
```

In diesem zweiten Beispiel erhalten wir als Ergebnis des Vergleiches `true`: es existiert nur ein Objekt, auf das aber über die Variablen `erna1` und `erna2` zugegriffen werden kann. Die Referenzen sind gleich, da die Referenz auf das Objekt bei der Zuweisung `erna2 = erna1` eben auch in der Variable `erna2` gespeichert wird.

Trotzdem wäre es natürlich nützlich, wenn es eine Möglichkeit gäbe, völlig gleichartige Objekte zu erkennen, d.h. Objekte die genau dieselben Eigenschaften haben, aber im Prinzip zwei unterschiedliche Objekte sind (denken Sie da zum Beispiel an Zwillinge: sehen gleich aus, haben evtl. auch die gleichen Eigenschaften, sind aber eigenständige Objekte).

Viele Klassen definieren dazu eine Methode, die einen solchen Vergleich anstellt. Will heißen: der Test auf *strukturelle Gleichheit* lässt sich bei unserer Klasse nicht automatisch realisieren, sondern wir müssen selbst eine entsprechende Methode erstellen, die dann festlegt, wann zwei Klasseninstanzen gleich sind. Die allermeisten Klassen definieren dazu eine Methode `equals`, mit der zwei Objekte verglichen werden.

Die Funktionsweise der Methode `equals` ist dabei gewöhnlich wie folgt: als Parameter wird ein anderes Objekt übergeben, das auf Gleichheit mit dem aktuellen Objekt geprüft werden soll. Nun werden die einzelnen Attribute des aktuellen Objektes mit denen des Vergleichsobjektes verglichen. Wenn alle Attribute gleich sind, liefert die Methode `equals` auch `true` zurück (um zu signalisieren, dass die verglichenen Objekte strukturell gleich sind). Andernfalls liefert die Methode `false` zurück um anzuzeigen, dass keine Gleichheit zwischen den Objekten besteht.

Wir werden in Kapitel 11.6 auch eine `equals`-Methode für unsere Klasse `Mensch` schreiben. Derzeit fehlen uns dafür noch ein paar Grundlagen, sodass wir das auf später verschieben.

11 Vererbung

In diesem Kapitel lernen wir ein weiteres sehr wichtiges Konzept von Java bzw. von objektorientierter Programmierung generell kennen: die *Vererbung*.

Vererbung bedeutet, das man aus einer Klasse eine neue Klasse *ableitet*, die alle Eigenschaften und Methoden der Ursprungsklasse übernimmt, jedoch auch noch weitere, eigene Eigenschaften und Methoden besitzt. Vererbung wird in der Regel dazu genutzt, um eine „ist-ein"-Beziehung zu modellieren, z.B. ein Mensch ist ein Lebewesen, ein Hund ist ein Haustier, ein Haustier ist ein Tier, ein Tier ist ein Lebewesen, usw. Mittels Vererbung können also Klassenhierarchien gebildet werden. Man spricht in diesem Zusammenhang von Oberklassen und Unterklassen: Lebewesen ist die Oberklasse von Mensch und Mensch ist eine Unterklasse von Lebewesen.

Um die Vererbung und deren Sinn besser zu verstehen, sehen wir uns jetzt ein einfaches Beispiel an:

```java
public class Mitarbeiter
{
  public String name;
  public String adresse;
  public long sozialversicherungsNummer;
}

public class Kunde
{
  public String name;
  public String adresse;
  public long kundenNummer;
  public long[] rechnungsNummern;
}
```

Wir sehen hier zwei eigenständige Klassen, die programmiertechnisch betrachtet in keinem Zusammenhang stehen. Die Klassen könnten zum Beispiel aus einer Buchhaltungssoftware stammen, die dabei hilft, den Überblick über Geschäftsvorgänge zu behalten. Die beiden Klassen sollen Objekte aus der "echten Welt" modellieren, nämlich Mitarbeiter und Kunden. Ein Mitarbeiter wird in diesem einfachen Beispiel charakterisiert durch Name, Adresse und Sozialversicherungsnummer, ein Kunde durch Name, Adresse, Kundennummer und einem Array, das die Rechnungsnummern des Kunden beinhaltet.

Auffällig ist, dass sowohl die Klasse Kunde als auch die Klasse Mitarbeiter die Attribute name und adresse beinhalten. Das bedeutet, dass wir an dieser Stelle *abstrahieren* können: wir haben zwei sehr konkrete Klassen, die sehr konkrete Objekte beschreiben. Wir suchen nach Gemeinsamkeiten innerhalb dieser Klassen und bilden diese Gemeinsamkeiten in einer gemeinsamen Oberklasse für die beiden konkreten Klassen ab.

Oder anders ausgedrückt: wir haben zwei spezielle Arten von Objekten, nämlich Mitarbeiter und Kunden. Und nun versuchen wir, einen allgemeineren Begriff zu finden, der beide Arten von Objekten abdeckt. Welcher Begriff würde also sowohl Kunden als auch Mitarbeiter abdecken? Nun, zum Beispiel handelt es sich sowohl bei Kunden als auch bei Mitarbeitern um Personen. Eine Oberklasse Person wäre demnach also die Verallgemeinerung der Unterklassen Mitarbeiter und Kunde.

Statt zwei voneinander unabhängigen Klassen Mitarbeiter und Kunde erschaffen wir nun eine Klassenhierarchie: Eine Oberklasse Person, von der die beiden Unterklassen Mitarbeiter und Kunde abgeleitet werden.

```java
public class Person
{
  public String name;
  public String adresse;
}

public class Mitarbeiter extends Person
{
  public long sozialversicherungsNummer;
}

public class Kunde extends Person
{
  public long kundenNummer;
  public long[] rechnungsNummern;
}
```

Wir sehen an dem Beispiel zunächst einmal, wie Vererbung in Java realisiert wird: bei der Definition einer Klasse wird dem Namen der Klasse einfach ein **extends OBERKLASSE** nachgestellt. Das bewirkt, dass die neu definierte Klasse alle öffentlichen Eigenschaften und Methoden der Oberklasse übernimmt. Die beiden Attribute name und adresse sind also nach der im Beispiel gezeigten Klassendefinition auch Teil der beiden neuen Klassen Mitarbeiter und Kunde. Wir können die Klassen nun ganz normal benutzen, so wie wir Sie auch benutzen könnten, wenn wir sie ohne Vererbung (wie im einführenden Beispiel zu sehen) definiert hätten.

```java
Mitarbeiter mitarbeiter1 = new Mitarbeiter();
mitarbeiter1.name = "Martin Wolf";
mitarbeiter1.adresse = "Musterstrasse 12, Musterhausen";
mitarbeiter1.sozialversicherungsNummer = 123456789012345L;
```

Hinweis: Das große L am Schluss der Zahl 123456789012345L sagt aus, dass es sich hierbei um einen long-Wert handelt. Der Wert ist zu groß, um als int-Wert dargestellt zu werden, long-Werte werden deshalb abgegrenzt, indem ihnen ein L angehängt wird. Man kann übrigens auch ein kleines l verwenden, wegen der Verwechslungsgefahr mit der 1 (Eins) empfiehlt es sich aber, stets das große L zu verwenden.

11.1 Zugriffsmodifizierer

Wir haben gesagt, dass alle öffentlichen Methoden und Attribute übernommen werden. Doch was ist mit den privaten Attributen bzw. Methoden? Wie wir wissen, besteht ja von außerhalb einer Klasse kein Zugriff auf private Attribute und Methoden. Trifft das denn auch beim Ableiten zu?

Die Antwort auf diese Frage ist: auch abgeleitete Klassen haben **keinen** Zugriff auf private Eigenschaften und Methoden der Oberklassen. Nun kommen wir aber wieder zu den Zugriffsmodifizierern. Wir haben `private` und `public` bereits kennen gelernt, mit dem Hinweis, das es weitere Modifizierer gibt. Nun lernen wir einen weiteren Zugriffsmodifizierer kennen: `protected`. Der Zugriffsmodifizierer `protected` bietet den gleichen Zugriffsschutz wie private, jedoch mit der Ausnahme, dass Methoden und Attribute, die mit `protected` markiert sind, in abgeleiteten Klassen zugreifbar sind.

Wenn wir beim Erstellen einer Klasse also den Zugriffsmodifizierer `protected` statt `private` verwenden, können später abgeleitete Subklassen auf die so markierten Attribute und Methoden der Basisklasse[6] zugreifen. Andere Klassen, die in keinem Zusammenhang mit der Basisklasse stehen, haben weiterhin keinen Zugriff auf diese Attribute und Methoden.

11.2 Konstruktoren

Konstruktoren sind zwar Spezialformen von Methoden, dennoch werden Konstruktoren beim Ableiten nicht an die Unterklasse weiter gegeben. Klassen benötigen übrigens keine expliziten Konstruktoren: wenn wir keinen Konstruktor angeben (wie z.B. bei den Klassen `Person`, `Kunde` und `Mitarbeiter` im vorherigen Beispiel) erzeugt Java automatisch einen Standard-Konstruktor, der alle Attribute bei der Initialisierung eines Objektes mit Standardwerten (null bei Referenzvariablen, 0 und `false` bei primitiven Datentypen) vorbelegt.

Als Standard-Konstruktor bezeichnen wir einen Konstruktor, dem keine Parameter übergeben werden. Im Konstruktor einer Unterklasse wird zunächst automatisch (d.h. implizit, ohne dass man es hin schreibt) der Standard-Konstruktor der Oberklasse aufgerufen. D.h. wenn ein expliziter Standardkonstruktor in der Oberklasse existiert, wird auch dieser ausgeführt, wenn ein neues Objekt der Unterklasse erzeugt wird. Das ist auch unabhängig davon, ob in der Unterklasse ein expliziter Konstruktor existiert oder ob von Java automatisch ein Standardkonstruktor generiert wird, wenn der Programmierer keinen angegeben hat.

Als Programmierer können wir innerhalb eines Konstruktor aber auch explizit auf einen Konstruktor einer Oberklasse zugreifen: mit dem Schlüsselwort super. Mit dem Aufruf

super();

wird der Standardkonstruktor aufgerufen (beachten Sie, dass dieser Aufruf jedoch überflüssig ist, da wie bereits zuvor gesagt der Standard-Konstruktor der Oberklasse auch implizit im

---

[6]Basisklasse ist ein anderes Wort für Oberklasse.

Konstruktor der Unterklasse aufgerufen wird, wenn nichts angegeben wird), man kann jedoch auch mittels

```
super(ARGUMENTLISTE);
```

auf beliebige andere Konstruktoren der Basisklasse zugreifen.

Beachten Sie jedoch, dass ein Aufruf eines Konstruktors der Basisklasse nur in einem Konstruktor der Unterklasse ganz am Anfang statt finden kann. Der Aufruf des Basisklassen-Konstruktors muss also am Beginn des Konstruktors der Unterklasse stehen, zudem kann der Basisklassen-Konstruktor nicht aus anderen Methoden heraus aufgerufen werden.

11.3 Die Mutter aller Klassen

Tatsächlich ist es so, dass alle Klassen in Java Unterklassen der Basisklasse `Object` sind. Wenn Sie also keine explizite Basisklasse für eine Klasse angeben, wird automatisch und implizit die Basisklasse `Object` verwendet.

Die Klasse `Object` hat kaum nennenswerte eigene Funktionalität. Sie dient lediglich dazu, dass alle Klassen eine gemeinsame Oberklasse haben, was in einigen Situationen nützlich sein kann, wir wir später noch sehen werden. `Object` ist also quasi das "Adam und Eva" aller Klassen.

Beachten Sie, dass das nur für Klassen gilt, nicht jedoch für primitive Datentypen: diese sind nicht von der Oberklasse `Object` abgeleitet (da es sich bei den PDTs ja um gar keine Klassen handelt).

11.4 Typ-Hierarchien

Die Vererbung bringt im Zusammenhang mit Klassen noch einige weitere neuen Möglichkeiten mit sich.

Wenn wir eine Variable von einem bestimmten Typen deklarieren, können wir dieser Variable nämlich nicht nur Objekte, die genau diesem Typen entsprechen, zuweisen, sondern auch Objekte einer Unterklasse. Das bedeutet zum Beispiel, dass wir eine Variable vom Typ `Object` (der Mutterklasse aller Objekte) erstellen können und dieser Variable alle beliebigen Objekte zuweisen können.

```
Object objectMitarbeiter = new Mitarbeiter();
```

Ebenso können wir eine Variable von unserem eigenen Typ `Person` anlegen und dieser Variable Objekte der beiden Unterklassen zuweisen:

```
Person personMitarbeiter = new Mitarbeiter();
```

Aber Achtung: wenn wir einer Variable ein Objekt einer Unterklasse zuweisen, haben wir dabei nur Zugriff auf diese Methoden und Eigenschaften, die in der Ursprungsklasse enthalten sind. In dem Beispiel haben wir also Zugriff auf die Eigenschaften `name` und `adresse` von `personMitarbeiter`, nicht jedoch auf die Eigenschaft `sozialversicherungsNummer`, da diese in der Klasse `Mitarbeiter` enthalten ist und nicht in der Klasse `Person`.

Die Eigenschaften und Methoden der Unterklasse sind jedoch in diesem Fall auch nicht verloren gegangen: wir können das Objekt jederzeit wieder einer Variable des speziellen Untertyps zuweisen und erhalten damit wieder Zugriff auf die spezifischen Attribute und Methoden:

```
Person mitarbeiter = new Mitarbeiter();
Mitarbeiter mitarbeiterAlsMitarbeiter = (Mitarbeiter) mitarbeiter ;

long sozialvers = mitarbeiterAlsMitarbeiter.sozialversicherungsNummer;
```

Um ein Objekt einer Oberklasse einer Variable eines "niedrigeren"Types zuweisen zu können, müssen wir wieder eine explizite Typumwandlung durchführen. Wir haben das bereits bei der Typumwandlung bei den primitiven Datentypen gesehen. Das funktioniert hier analog, die Umwandlung erfolgt wie im Beispiel zu sehen über die Syntax

```
(UNTERKLASSE) ObjektDerOberklasse
```

Doch hierbei müssen wir aufpassen, denn nicht jedes Objekt einer Oberklasse kann zu einem Objekt einer Unterklasse umgewandelt werden:

```
Person kunde = new Kunde();
Mitarbeiter kundeAlsMitarbeiter = (Mitarbeiter) kunde;
```

Dieses Beispiel lässt sich zwar übersetzen, wird aber bei der Ausführung eine Ausnahme verursachen und damit zum Absturz des Programms führen. In der Variable `kunde` haben wir eben einen Verweis auf ein `Kunde`-Objekt gespeichert und keinen Verweis auf ein `Mitarbeiter`-Objekt. Daher schlägt die Typumwandlung fehl.

Bevor wir einen Typ explizit umwandeln, sollten wir also auf jeden Fall sicher stellen, dass es sich bei dem Objekt, das umgewandelt werden soll, auch um den erwarteten Typen handelt. Dafür gibt es in Java den `instanceof`-Operator: mit diesem lässt sich prüfen, ob ein Objekt vom Typ einer bestimmten Klasse oder einer Unterklasse davon ist.

```
Person kunde = new Kunde();
Mitarbeiter kundeAlsMitarbeiter;
if (kunde instanceof Mitarbeiter)
  kundeAlsMitarbeiter = (Mitarbeiter) kunde;
else
  kundeAlsMitarbeiter = null;
```

70

11.5 Methoden überschreiben

Zuvor hatten wir gesehen, dass öffentliche Methoden beim Ableiten einer Klasse in die neue Klasse übernommen werden. Was passiert aber, wenn wir die gleiche* Methode auch in der Unterklasse implementieren?

---

*) Kleiner Exkurs zum Thema "gleiche" Methode. Wann stimmen zwei Methoden überein? Wenn Sie den gleichen Namen haben?

Tatsächlich ist es so, dass eine Klasse mehrere Methoden mit dem gleichen Namen haben kann. Die Methoden müssen sich jedoch in ihrer **Signatur** unterscheiden. Als Signatur bezeichnet man den Methodennamen in Verbindung mit den Parameter-Typen. Wenn man also zwei Methoden mit demselben Namen anlegt, die eine einen `int`-Wert als Parameter nimmt, die andere aber einen `String`, dann ist das ok.

Methoden mit dem gleichen Namen und gleicher Parameterliste, die sich nur im Rückgabetyp unterscheiden, sind dagegen in Java nicht möglich.

Wenn wir also eine Methode in einer Unterklasse neu implementieren, dann wird damit die Methode der Oberklasse überschrieben.

```java
public class A
{
  public int getA()
  {
    return 3;
  }
}

public class B extends A
{
  public int getA()
  {
    return 5;
  }
}

// ...
B b = new B();
int result = b.getA(); // 5
```

Man kann beim Implementieren einer Unterklasse übrigens mit dem Schlüsselwort `super` auf die Methoden und Attribute der Oberklasse zugreifen (so lange sie nicht als `private` markiert sind):

```
public class A
{
  public int getA()
  {
    return 3;
  }
}

public class B extends A
{
  public int getA()
  {
    return super.getA() + 2;
  }
}

// ...
B b = new B();
int result = b.getA(); // 5
```

11.6 Die equals-Methode

Im vorherigen Kapitel über Referenzen hatten wir darüber gesprochen, dass der Vergleich von Referenzvariablen gar nicht so einfach ist, da einfach die Adressen im Speicher verglichen werden und nicht geprüft wird, ob eine strukturelle Übereinstimmung zwischen zwei Objekten vorliegt.

Die Basisklasse Object stellt eine Methode equals bereit, mit der zwei Objekte auf Gleichheit geprüft werden können. Die Basisversion dieser Methode macht aber auch nichts anderes, als die Referenzen auf Gleichheit zu prüfen (d.h. a == b). Da alle Klassen der Oberklasse Object abstammen, kann man also statt dem Operator == auch immer die equals-Methode für die Prüfung auf Gleichheit zwischen zwei Objekten verwenden.

Wenn wir aber einen besseren Vergleich realisieren wollen, können wir die equals-Methode von einer Klasse so überschreiben, dass ein struktureller Gleichheitstest realisiert wird. Wir demonstrieren das am Beispiel unserer Mensch-Klasse aus den vorherigen Kapiteln.

```
public class Mensch
{
  private double gewicht;

  public double getGewicht()
  {
    return gewicht;
  }

  // ... weitere Methoden ...
```

72

```
public boolean equals(Object other)
{
  if (other instanceof Mensch)
  {
    Mensch otherMensch = (Mensch) other;
    return otherMensch.getGewicht() == this.getGewicht();
  }
  return false;
}
}
```

Die Methode `equals` erhält also ein Vergleichsobjekt vom Typ `Object`: ein Objekt kann mit jedem beliebigen Objekt verglichen werden, es muss nicht vom selben Typ sein. Trotzdem macht es natürlich Sinn, dass zwei Objekte nur dann strukturell gleich sein können, wenn sie vom gleichen Typ sind. Daher benutzen wir zunächst den `instanceof`-Operator, um herauszufinden, ob das Vergleichsobjekt auch vom Typ Mensch ist. Wenn das nicht der Fall ist können wir sofort `false` als Ergebnis der Prüfung zurück geben.

Ist das Vergleichsobjekt vom richtigen Typ, dann führen wir eine explizite Typumwandlung durch, um über eine `Mensch`-Variable auf das Objekt zugreifen zu können. In unserem einfachen Beispiel hat die `Mensch`-Klasse nur ein Attribut: das Gewicht. Wir vergleichen also das Gewicht des eigenen Objektes mit dem Gewicht des Vergleichsobjektes. Sind die Gewichte gleich, sagen wir, dass die Objekte strukturell gleich sind, ansonsten eben nicht.

In der Realität würde es natürlich Sinn machen, hier eine komplexere Prüfung vorzunehmen (z.B. Name, Adresse, Gewicht, Größe, etc auf Gleichheit zu prüfen und nur dann eine strukturelle Gleichheit zu bejahen wenn alle Eigenschaften übereinstimmen). Das Prinzip soll an dieser Stelle bloß an einem möglichst einfachen Beispiel mit nur einem Attribut demonstriert werden.

11.7 Abstrakte Klassen

Wir haben gesehen, dass man mit der Vererbung abstrahieren kann: man findet Gemeinsamkeiten zwischen zwei oder mehreren Klassen und erstellt dann eine Oberklasse, die diese Gemeinsamkeiten zwischen den Klassen in einer eigenen Klasse bündelt. Die Folge davon ist jedoch auch: nun kann man auch Instanzen dieser Oberklasse erstellen.

Das mag in vielen Fällen so auch gewünscht sein, doch in manchen Fällen macht es eventuell keinen Sinn, konkrete Instanzen einer Oberklasse zu erstellen, die nur deswegen geschaffen wurde, um gemeinsame Merkmale von Unterklassen zu bündeln. Für einen solchen Fall hat man die Möglichkeit, eine Klasse als *abstrakt* zu markieren. Von abstrakten Klassen können keine Instanzen erstellt werden (new AbstractClass() führt also zu einem Compilerfehler), sondern Sie dienen nur als Basisklasse für konkretere Unterklassen.

Abstrakte Klassen können mit dem Schlüsselwort **abstract** erzeugt werden:

```
public abstract class Person
{
  String name;
  String adresse;
}

public class Mitarbeiter extends Person
{
  String sozialversicherungsNummer;
}
```

In diesem Beispiel können nun keine Instanzen von Person erstellt werden, jedoch von Mitarbeiter.

11.8 Abstrakte Methoden

Abstrakte Klassen können auch abstrakte Methoden enthalten (müssen aber nicht). Eine abstrakte Methode ist eine Methode, die keine Implementierung besitzt, sondern nur die Signatur und den Rückgabetyp vorgibt.

Von einer abstrakten Klasse können wie bekannt sowieso keine Instanzen erstellt werden. Daher ist es möglich, dort auch Methoden anzugeben, die keine Implementierung besitzen. Besitzt eine Klasse eine abstrakte Methode, bedeutet das, dass in einer konkreten Unterklasse der abstrakten Klasse diese abstrakte Methode implementiert sein muss.

Das Konzept der abstrakten Methoden dient also dazu, in einer abstrakten Oberklasse festzulegen, welche Funktionalität eine Unterklasse besitzen muss. Beachten Sie: eine abgeleitete Klasse muss nicht unbedingt alle abstrakten Methoden der Oberklasse implementieren. Dann muss die abgeleitete Klasse selbst aber wiederum eine abstrakte Klasse sein. Eine Klasse kann erst dann "nicht-abstrakt" sein, wenn alle abstrakten Methoden der Oberklassen implementiert worden sind.

```
public abstract class Maschine
{
  public abstract int berechneEnergieverbrauch();
}

public class Roboter extends Maschine
{
  public int berechneEnergieverbrauch()
  {
    int energie = 0;

    // ... weitere Berechnungen ...

    return energie;
```

```
    }
}

public class PerpetuumMobile extends Maschine
{
  public int berechneEnergieverbrauch()
  {
    return 0;
  }
}
```

Im Beispiel sehen wir, wie abstrakte Klassen und Methoden gehandhabt werden: in der abstrakten Klasse wird bei der Deklaration der Methode einfach das Schlüsselwort abstract eingefügt. Zudem wird in der abstrakten Klasse keine Implementierung der Methode angegeben, sondern die Deklaration der Methode einfach mit einem Semikolon abgeschlossen. In den Unterklassen wird die Methode dann ganz normal implementiert, wobei sich die Implementierung natürlich in den Unterklassen unterscheiden kann. Das Perpetuum Mobile in unserem Beispiel verbraucht also gar keine Energie, wohingegen ein normaler Roboter natürlich einen gewissen Energieverbrauch aufweist, der von der entsprechenden Methode berechnet wird.

11.9 Mehrfachvererbung

Wir haben gesehen, dass für eine Klasse eine Oberklasse angegeben kann, deren Methoden und Eigenschaften dann übernommen werden. Es gibt Programmiersprachen, in denen für eine Klasse auch mehrere Oberklassen angegeben werden, d.h. die Klasse übernimmt dann die Methoden und Eigenschaften von allen Oberklassen. In Java ist dies nicht möglich, eine Klasse kann immer nur genau eine (direkte) Oberklasse haben.

Und warum ist das so? Warum diese Beschränkung? Nun, wenn es in zwei Oberklassen dieselbe Methode gibt (d.h. Name und Parameterliste stimmen überein), welche der Methoden wird dann in die Unterklasse übernommen? Auf eben diese Frage gibt es keine schlüssige Antwort, daher wurde in Java auf das Konzept der Mehrfachvererbung verzichtet.

11.10 Schnittstellen

Als Ersatz für die Mehrfachvererbung gibt es in Java das Konzept der *Schnittstelle* (engl. *interface*). Ein Interface kann man sich in etwa vorstellen als eine abstrakte Klasse, die ausschließlich aus öffentlichen, abstrakten Methoden besteht.

Von einer Schnittstelle kann man also nicht direkt Instanzen erstellen, eine Schnittstelle wird wie abstrakte Klassen nur dazu verwendet, davon konkrete Unterklassen abzuleiten. Die Schnittstelle gibt vor, welche Methoden eine Klasse, die die Schnittstelle implementiert, besitzen muss.

Zusätzlich zu einer Oberklasse kann eine Klasse beliebig viele Schnittstellen implementieren. Hier besteht nicht das Problem, dass bei gleichen Methoden in verschiedenen Interfaces nicht klar ist, welche Methode in die neue Klasse übernommen wird: da Interfaces keine Implementierungen der Methoden besitzen, muss die Methode sowieso in der Unterklasse implementiert werden. Daher ist es egal, wenn eine Methode in mehreren Interfaces enthalten ist.

Interfaces können keine Konstruktoren beinhalten: von Interfaces können keine Instanzen erzeugt werden und Konstruktoren werden auch nicht vererbt - daher sind Konstruktoren in Interfaces überflüssig. Bei der Deklaration von Interfaces entfällt auch die Angabe der Zugriffsmodifizierer: alle Methoden sind automatisch öffentlich.

```
interface Buyable
{
  double getPreis();
}

public class Topf implements Buyable
{

  public double getPreis()
  {
    return 10.5;
  }

  public double getVolumen()
  {
    return 6.5;
  }
}

// Verwendung:
Topf topf = new Topf();
double topfPreis = topf.getPreis();
double topfVolumen = topf.getVolumen();

Buyable topfBuyable = new Topf();
double topfBuyablePreis = topfBuyable.getPreis();
// Achtung: ueber eine Variable vom Typ Buyable besteht kein
// Zugriff auf getVolumen()
```

Das Beispiel zeigt die Deklaration und Verwendung einer Schnittstelle. Bei der Definition einer Klasse können zu implementierende Schnittstellen über das Anhängen des Schlüsselwortes **implements** angegeben werden. Sollen mehrere Schnittstellen implementiert werden, werden diese durch Komma getrennt:

```
public class Topf implements Buyable, Sellable
```

Die Angabe der zu implementierenden Schnittstellen erfolgt hinter der Angabe einer eventuellen Oberklasse:

```
public class Topf extends Kuechengeraete implements Buyable, Sellable
```

Wir können auch Variablen vom Typ einer Schnittstelle anlegen. Diesen Variablen können wir dann Objekte einer Klasse, die diese Schnittstelle implementiert, zuweisen. Dabei müssen wir wiederum beachten, dass es wie bei gewöhnlichen Basisklassen über eine solche Variable nur Zugriff auf diese Methoden gibt, die in der Schnittstelle enthalten sind. Eventuelle Methoden, die die Klasse noch zusätzlich zu den Methoden der Schnittstelle implementiert, können über eine Schnittstellen-Variable nicht angesprochen werden. Natürlich können wir wieder eine explizite Typumwandlung durchführen, um Zugriff auf alle Methoden der Klasse zu erhalten.

```
Buyable topfBuyable = new Topf();
Topf topf = (Topf) topfBuyable;
double volumen = topf.getVolumen();
```

12 Exceptions

Wir hatten zuvor bereits an einigen Stellen gesehen, dass während des Ablaufs eines Java-Programms Fehler auftreten können, die dann zum Absturz des Programms führen. Man nennt diese Fehler auch *Ausnahmen* (engl. exceptions) - eben weil sie auftreten, wenn das Programm sich in einem "Ausnahmezustand" befindet; wenn ein Ereignis eingetreten ist, das nicht hätte eintreten sollen.

Es gibt verschiedene Situationen, in denen eine Ausnahme auftritt. Ein sehr häufiger Grund für das Auftreten einer Exception ist es, wenn man über eine Klassenvariable auf ein Attribut oder eine Methode eines Objektes zugreifen möchte, die Klassenvariable aber null ist, d.h. auf kein Objekt verweist.

```java
public class ExceptionTest
{
  private void exceptionTest()
  {
    Mensch erna = null;
    double gewicht = erna.getGewicht();
  }

  public static void main(String[] argv)
  {
    ExceptionTest test = new ExceptionTest();
    test.exceptionTest();
  }
}
```

Wenn wir dieses Beispiel ausführen, bricht das Programm ab und wir erhalten die folgende Fehlermeldung:

```
Exception in thread "main" java.lang.NullPointerException
  at ExceptionTest.exceptionTest(ExceptionTest.java:6)
  at ExceptionTest.main(ExceptionTest.java:12)
```

Wir werden darüber informiert, dass eine Ausnahme aufgetreten ist. Zudem wird angegeben, um welche Art von Ausnahme es sich handelt: in diesem Fall um eine sogenannte NullPointerException. NullPointerException bedeutet, dass versucht wurde, auf Attribute oder Methoden eines null-Objektes zuzugreifen.

Zudem wird angegeben, an welcher Stelle im Code die Ausnahme aufgetreten ist. Das geschieht über einen sogenannten *Stacktrace*. Im Beispiel sind das die beiden letzten Zeilen, die jeweils mit "at" beginnen. Der Stacktrace stellt einfach die Aufruf-Hierarchie dar, die zur Ausnahme geführt hat, dabei wird der Stacktrace von unten nach oben gelesen:

Die Ausführung des Programms startet in der Methode ExceptionTest.main. Die erste Anweisung, bei der die Variable für die Klasse ExceptionTest angelegt wird und ein entsprechendes Objekt erzeugt wird, wird vom Programm noch korrekt ausgeführt. Dann, in der nächsten Anweisung, wird die Methode exceptionTest aufgerufen. Diese Anweisung befindet sich in Zeile 12 des Programms. Da die Ausnahme innerhalb der Ausführung dieser Methode exceptionTest auftritt, ist der Aufruf der Methode Teil der Aufrufhierarchie, die zur Exception führt und damit Teil des Stacktrace.

Der erste Eintrag im Stacktrace (d.h. der unterste, da der Stacktrace von unten nach oben zu lesen ist), sagt also aus: auf dem Weg zum Eintreten der Ausnahmesituation wurde nach dem Start des Programms zunächst in der Methode ExceptionTest.main in Zeile 12 der Datei ExceptionTest.java eine Methode aufgerufen.

Der zweite Eintrag im Stacktrace erzählt uns jetzt, wie es danach weiter ging: Wir sind also in der Methode ExceptionTest.exceptionTest gelandet. Diese Methode konnte bis zur Zeile 6 der Datei ExceptionTest.java korrekt ausgeführt werden, in Zeile 6 ist dann die Exception aufgetreten, die den Absturz verursacht hat. In der Tat sehen wir, dass dort versucht wird, auf die Methode getGewicht über die Variable erna zuzugreifen. Zuvor wurde erna jedoch mit der null-Referenz belegt, daher ist dieser Versuch zum Scheitern verurteilt.

Es gibt in Java sehr viele weitere Exceptions, die in Ausnahmesituationen auftreten können, man kann sogar selbst eigene Exceptions definieren. Einige der gebräuchlichsten Exceptions, die im normalen Programmieralltag häufig auftreten, sind die ArrayIndexOutOfBoundsException, die signalisiert, dass auf einen nicht-existierenden Index eines Arrays zugegriffen wurde und die NumberFormatException, die dann auftritt, wenn versucht wird, einen String in einen numerischen Datentypen zu konvertieren, der String aber gar keine Zahl enthält.

12.1 Exceptions auffangen

Wir haben nun einige Beispiele gesehen, in welchen Situationen Ausnahmen auftreten. Dies nutzt uns das allerdings noch nicht allzu viel: das Programm bricht auch weiterhin an der Stelle ab.

Warum wurden Exceptions überhaupt geschaffen? Wenn eine Methode einen unpassenden Parameter erhält, wäre es dann nicht besser, wenn die Methode einen Fehler-Statuscode zurück liefern würde, statt eine Ausnahme auszulösen? Das Problem mit Statuscodes ist es, dass Methoden meistens keine Statuscodes zurück liefern sollen, sondern Ergebnisse. Wenn man nun im Fehlerfall einen Statuscode zurück liefert (z.B. null, -1, 0, false), dann vermischt man damit Ergebnisse und Statuscodes. Die return-Anweisung einer Methode wird dann, je nach Fall, entweder dazu verwendet, ein korrektes Ergebnis der Berechnungen der Methode zurück zu geben oder aber um einen Statuscode zurück zu geben, der angibt, dass die gewünschten Berechnungen nicht korrekt durchgeführt werden konnten.

Um diese Nicht-Eindeutigkeit von Rückgabewerten von Methoden vermeiden zu können, wurden die Exceptions eingeführt: statt über einen Statuscode zu signalisieren, dass etwas nicht in Ordnung ist, tut man das über das Auslösen einer Ausnahme. Natürlich braucht man dann aber auch eine Möglichkeit, um innerhalb des Programms herauszufinden, wenn eine Ausnahme ausgelöst wurde. Das Programm sollte auch nicht abstürzen, sondern man sollte die Möglichkeit haben, die Ausnahmesituation adäquat zu behandeln, sodass das Programm fortgesetzt werden kann.

In Java gibt es zu diesem Zweck das try-catch-Konstrukt. Im try-Teil dieses Konstruktes gibt man einen beliebigen Code an, der eine Ausnahme auslösen **könnte**. Für den Fall, dass tatsächlich eine Ausnahme auftritt, gibt man im catch-Teil des Konstruktes den Code an, der die Ausnahmesituation adäquat behandelt.

Tritt also innerhalb des try-Blockes eine Ausnahme auf, wird die Ausführung des try-Blockes abgebrochen und der Code im catch-Block ausgeführt. Danach wird die Ausführung des Programms ganz normal hinter dem try-catch-Konstrukt fortgeführt. Wenn keine Ausnahme im try-Block auftritt, wird der Code im catch-Block nicht ausgeführt.

Unser einführendes Beispiel können wir wie folgt abwandeln, um die Ausnahme abzufangen und zu behandeln:

```java
public class ExceptionTest
{
  private void exceptionTest()
  {
    try
    {
      Mensch erna = null;
      double gewicht = erna.getGewicht();
    } catch (NullPointerException e)
    {
      System.out.println("Achtung: Zugriff auf null-Referenz");
    }
  }

  public static void main(String[] argv)
  {
    ExceptionTest test = new ExceptionTest();
    test.exceptionTest();
  }
}
```

Die allgemeine Syntax für das try-catch-Konstrukt lautet also:

```java
try
{
  CODE
}
catch (EXCEPTION VARIABLENNAME)
{
  CODE ZUR BEHANDLUNG DER EXCEPTION
}
```

Der Code, der die Ausnahme auslösen könnte, wird in den `try`-Block geschrieben. In der `catch`-Klausel wird zunächst angegeben, welche Art von Ausnahme abgefangen werden soll. In unserem Beispiel ist es die `NullPointerException`. Exceptions werden in Java auch als Objekte dargestellt. Das heißt, wenn man eine Exception abfängt, erhält man ein `Exception`-Objekt, das zusätzliche Informationen über die Exception enthalten kann (z.B. den Stacktrace). Daher gibt man im Kopf des `catch`-Blockes noch einen Variablennamen an, der dann (im Fehlerfall) automatisch die Referenz auf das Exception-Objekt erhält.

Schließlich erfolgt innerhalb des `catch`-Blocks die Behandlung der Ausnahme. In unserem Beispiel geben wir einfach nur eine Meldung aus, die darauf hinweist, dass hier versucht wurde, auf eine `null`-Referenz zuzugreifen. Das Programm bricht nun auch nicht mehr an dieser Stelle ab, sondern wird nach dem Ausführen des `catch`-Blockes normal fortgeführt.

Ein `try-catch`-Konstrukt kann übrigens auch mehrere `catch`-Blöcke besitzen, nämlich wenn verschiedene Typen von Ausnahmen innerhalb des Codes abgefangen werden sollen.

```java
try
{
  Mensch erna = null;
  double gewicht = erna.getGewicht();

  String zahlAlsString = "789p";
  int zahlAlsZahl = Integer.parseInt(zahlAlsString);
} catch (NullPointerException e)
{

  System.out.println("Achtung: Zugriff auf null-Referenz");
}
catch (NumberFormatException nfe)
{

  nfe.printStackTrace();
  System.out.println("Fehler bei der int-Konvertierung");
}
```

In diesem Beispiel sehen wir auch, wie man das Exception-Objekt verwenden kann: der Aufruf der Methode `printStackTrace()` gibt den Stacktrace der Exception aus. Genauso wäre es auch der Fall gewesen, wenn wir die Ausnahme nicht abgefangen hätten. In diesem Fall wird aber natürlich das Programm nicht abgebrochen, sondern lediglich die Aufrufhierarchie ausgegeben.

Im übrigen muss eine Exception nicht an der Stelle aufgefangen werden, an der sie auftritt. Wir könnten unsere Klasse `ExceptionTest` auch wie folgt modellieren:

```java
public class ExceptionTest
{
  private void exceptionTest()
  {
    Mensch erna = null;
    double gewicht = erna.getGewicht();
```

```
    }

  public static void main(String[] argv)
  {
    ExceptionTest test = new ExceptionTest();
    try
    {
      test.exceptionTest();
    } catch (NullPointerException e)
    {
     System.out.println("Achtung: Zugriff auf null-Referenz");
    }
  }
}
```

Die Exception tritt innerhalb der Methode exceptionTest() auf, das try-catch-Konstrukt befindet sich aber in der Hauptfunktion main(). Wenn eine Exception auftritt, wird sie so lange über die Aufrufhierarchie "nach oben" gereicht, bis ein entsprechender Handler in Form eines try-catch-Konstruktes gefunden wurde, der sich der Ausnahme annimmt. Wenn auf diesem Weg nach oben kein Handler gefunden wurde, dann führt das zum Absturz.

In diesem Beispiel haben wir den Handler eben eine Ebene nach oben verschoben, also in die Methode main(). Diese ruft die Methode exceptionTest() aufruft, die dann die Exception auslöst. Wenn wir das Programm so ausführen, ist das Resultat das gleiche wie zuvor: die Ausnahme wird abgefangen und der Hinweistext ausgegeben. Der Unterschied ist: wenn die Methode exceptionTest() nun noch an einer anderen Stelle aufgerufen würde, an der kein Exception-Handling durchgeführt wird, wird die Ausnahme nicht mehr abgefangen und die Situation führt zum Absturz des Programmes.

Wir hatten zuvor gesagt, dass Exceptions auch durch Klassen repräsentiert werden. Daher sind die Exceptions auch Teil einer Klassenhierarchie. Das ist deshalb nützlich, wenn man mehrere Typen von Exceptions auf einmal abfangen will: wenn man im catch-Block eine Oberklasse angibt, werden damit auch alle Exceptions der Unterklassen abgefangen. Nützlich ist das deshalb, weil fast alle Exception-Klassen von der Oberklasse Exception abstammen. Wenn man im catch-Block also als aufzufangende Ausnahme die Klasse Exception abgibt, werden damit fast alle möglichen Ausnahmen abgefangen.

12.2 Selbst Exceptions auslösen

Bisher haben wir nur Ausnahmen gesehen, die automatisch von Java erzeugt werden, wenn wir z.B. ein ungeeignetes Argument verwenden oder versuchen, auf eine null-Referenz zuzugreifen. Wir können den Mechanismus der Exceptions aber auch selbst nutzen, um in eigenen Methoden anzuzeigen, dass eine ungewünschte Situation aufgetreten ist.

Wir könnten dazu selbst eine eigene Exception-Klasse entwerfen. Diese muss lediglich von der

Oberklasse der Exceptions, Exception, abgeleitet werden. Java bringt jedoch bereits sehr viele Exceptions mit, die wir in den unterschiedlichsten Situationen auch selbst verwenden können. Daher ist es meist nicht nötig, eigene Exception-Klassen zu entwerfen.

Wenn wir beispielsweise über eine Exception signalisieren wollen, dass ein ungültiger Parameter verwendet wurde, bietet sich die IllegalArgumentException an:

```java
public class ExceptionTest
{
  private double berechneBodyMassIndex(int groesseZentimeter,
                                       double gewicht)
  {
    if (groesseZentimeter <= 0)
      throw new IllegalArgumentException("Groesse muss > als 0 sein.");
    if (gewicht <= 0)
      throw new IllegalArgumentException("Gewicht muss > als 0 sein");

    double groesseMeter = groesseZentimeter / 100.0;
    return gewicht / (groesseMeter * groesseMeter);
  }

  public static void main(String[] args)
  {
    ExceptionTest test = new ExceptionTest();
    try
    {
      double bmi = test.berechneBodyMassIndex(190, 0);
    }
    catch (IllegalArgumentException e)
    {
      System.out.println(e.getMessage());
    }
  }
}
```

Die Methode berechneBodyMassIndex berechnet den Body-Mass-Index nach der bekannten Formel gewicht / größe[2]. Natürlich macht die Berechnung nur Sinn, wenn beide Werte positiv sind: es gibt keine negative Größe und auch kein negatives Gewicht, auch 0 macht in beiden Fällen keinen Sinn. Daher wird innerhalb der Methode geprüft, ob diese Voraussetzungen erfüllt sind.

Trifft eine der Voraussetzungen nicht zu, wird eine IllegalArgumentException ausgelöst. Das erfolgt über das Schlüsselwort throw. Hinter throw wird einfach das Exception-Objekt angegeben, das "geworfen" werden soll. In unserem Fall erzeugen wir jeweils ein neues Objekt. Die IllegalArgumentException-Klasse bietet die Möglichkeit, über den Konstruktor noch eine Meldung anzugeben, die nähere Hinweise darauf gibt, was genau schief gelaufen ist.

In der main-Methode, in der die Methode berechneBodyMassIndex dann aufgerufen wird, haben wir den Exception-Handler integriert. Dieser erhält im Falle des Auftretens einer Ausnahme das Exception-Objekt, das wir zuvor konstruiert hatten. Über die Methode `getMessage()` können wir auf die Meldung, die wir in dem Exception-Objekt gespeichert haben, wieder zugreifen. Unser Handler macht also nichts anderes, als die entsprechende Meldung auf der Konsole auszugeben, damit der Benutzer weiß, warum die Berechnung nicht geklappt hat.

13 Generics

Manchmal kommt es vor, dass man als Programmierer eine Klasse schreibt, die ein Attribut besitzt, von dem man zu dieser Zeit noch nicht genau weiß, von welchem Typ es sein soll. Erst später, wenn die Klasse benutzt wird, soll festgelegt werden, von welchem Typ der Parameter ist.

Wir kennen bereits eine Möglichkeit, wie wir diese Situation handhaben können: wir geben dem Attribut den Typ Object. Das ist die Basisklasse aller Objekte, d.h. in einer Variable vom Typ Object können alle möglichen Objekte gespeichert werden.

```
public class WithoutGenerics
{
  private Object myObject;

  public WithoutGenerics(Object obj)
  {
    myObject = obj;
  }

  public Object getMyObject()
  {
    return myObject;
  }

  public static void main(String[] args)
  {
    WithoutGenerics wog = new WithoutGenerics("hallo");
    String myObject = (String) wog.getMyObject();
  }
}
```

Diese Beispielklasse speichert einfach ein beliebiges Objekt und gibt es über eine getter-Methode wieder heraus. In der main-Methode speichern wir einen String in einem solchen Objekt (das ist möglich, weil String eine Unterklasse von Object ist) und lassen uns den String danach wieder über die getter-Methode herausgeben. Die getter-Methode liefert nur ein allgemeines Objekt vom Typ Object zurück, daher müssen wir wieder eine explizite Typanpassung vornehmen, um das Objekt wieder in einer String-Variable speichern zu können.

Soweit, sogut. Dieser Ansatz hat jedoch zwei Schwächen: zum einen muss immer eine explizite Typanpassung vorgenommen werden. Das ist unschön und sollte nach Möglichkeit vermieden werden.

Zudem könnte es ja auch sein, dass wir in einem Objekt nur Objekte eines bestimmten Typs speichern wollen. Klar, dann hätten wir statt Object eben direkt den richtigen Typ verwenden können. Was aber, wenn wir z.B. in manchen Objekten nur String-Objekte speichern, in anderen nur `Mensch`-Objekte und in anderen nur `Tier`-Objekte? Dann müssten wir für jeden Anwendungsfall eine eigene Klasse erstellen, mit jeweils derselben Logik, wobei sich die Klassen nur im Typ des zu speichernden Objektes unterscheiden. Auch das ist unschön und sollte vermieden werden.

In Java gibt es zu diesem Zweck das Konzept der *Generics*. Das Konzept ist aus anderen Programmiersprachen als *Template*-Konzept bekannt. Bei generischen Klassen kann man Typ-Parameter in die Klassen einführen. Das bedeutet, wenn man eine Klasse definiert, kann man z.B. bei einem Attribut noch offen lassen, welcher Typ verwendet werden soll. Erst wenn man eine Instanz der Klasse anlegt, legt man sich darauf fest, welcher Typ verwendet wird. Daraufhin kann dann bei dieser Instanz auch nur noch dieser Typ verwendet werden. Man kann aber natürlich beliebige Instanzen erstellen und bei jeder den Typ-Parameter wie gewünscht belegen.

Wir sehen uns nun an, wie das einführende Beispiel mit Hilfe von Generics realisiert wird.

```
public class WithGenerics<T>
{
  private T myObject;

  public WithGenerics(T obj)
  {
    myObject = obj;
  }

  public T getMyObject()
  {
    return myObject;
  }

  public static void main(String[] args)
  {
    WithGenerics<String> wg =
        new WithGenerics<String>("hallo");
    String myObject = wg.getMyObject();

    WithGenerics<Mensch> wg2 =
        new WithGenerics<Mensch>(new Mensch(50.0));
    Mensch myMensch = wg2.getMyObject();
  }
}
```

Um eine Klasse generisch zu machen, führen wir einfach die gewünschten Typparameter hinter dem Klassennamen in spitzen Klammern an. Wollen wir mehrere Typparameter verwenden, trennen wir sie an dieser Stelle einfach durch Komma.

Ein Typparameter kann zunächst einmal ein beliebiger Bezeichner sein, üblicherweise nimmt man dafür einzelne Großbuchstaben, beginnend mit T (wie Typ).

Einen zu Beginn eingeführten Typparameter können wir nun innerhalb der Klassendefinition verwenden. Wir legen also fest, dass das zu speichernde innere Objekt vom Typ T sein muss, wobei der Typ T eben später, bei der Instanziierung, noch spezifiziert werden kann. Ebenso ändern wir den Typ des Konstruktor-Parameters auf unseren Typ-Parameter T und natürlich muss auch der Rückgabetyp von `getMyObject` angepasst werden.

Nun können wir unsere generische Klasse verwenden. Wenn wir eine Variable anlegen wollen, müssen wir nun angeben, wie unser Typ-Parameter instanziiert wird. Für unser erstes Objekt verwenden wir den Typ `WithGenerics<String>`. Das bedeutet, dass nun implizit von Java ein Typ erzeugt wird, bei dem alle Auftreten des Typparameters T innerhalb unserer Definition durch `String` ersetzt wird. Ebenso müssen wir auch bei der Erzeugung eines neuen Objektes mit dem `new`-Operator wieder die Belegung für den Typ-Parameter angeben. Wenn wir nun die Methode `getMyObject()` verwenden, hat das zurückgegebene Objekt direkt den richtigen Typ `String`.

In unserem Beispiel haben wir auch noch ein zweites Objekt angelegt, in diesem belegen wir den Typ-Parameter T mit dem Typ `Mensch`. Daher können wir dann Objekte vom Typ `Mensch` in der Klasseninstanz speichern.

Eine generische Klasse ist also eine Klassenschablone, bei der aus einer einzigen Klassendefinition durch die Verwendung von Typ-Parametern beliebig viele konkrete Klassen erstellt werden können. Als Einschränkung gilt zu beachten: es können keine primitiven Datentypen als Typ-Parameter verwendet werden, nur Klassen. Da es für die primitiven Datentypen jedoch die Wrapper-Klassen gibt, ist das kein großes Problem.

13.1 Generische Methoden

Es ist übrigens nicht unbedingt nötig, eine ganze Klasse generisch zu halten. Auch einzelne Methoden einer nicht-generischen Klasse können generisch sein:

```java
public class ClassWithGenericMethod
{
  public <T> T getObject(T object)
  {
    return object;
  }

  public static void main(String[] args)
  {
    ClassWithGenericMethod cl = new ClassWithGenericMethod();
    String s = cl.getObject("hallo");
  }
}
```

Bei einer generischen Methode wird der Typ-Parameter einfach direkt hinter dem Zugriffsmodifizierer deklariert. Der Typ-Parameter kann daraufhin innerhalb der Methode verwendet werden. In unserem einfachen Beispiel wird einfach das übergebene Objekt direkt wieder zurück geliefert.

Bei der Verwendung erkennt der Compiler automatisch, wie der Typ-Parameter instanziiert wurde. Wir übergeben ja der Methode `getObject` ein String-Objekt, damit ist klar, dass der Typ-Parameter T mit der Klasse `String` belegt wurde. In manchen Fällen kann die Belegung des Typ-Parameters nicht automatisch erkannt werden, dann müssen wir das bei der Benutzung der Methode angeben:

```
String s = cl.<String>getObject("hallo");
```

13.2 Typen einschränken

Bisher haben wir einen Typ-Parameter verwendet, der mit jedem beliebigen Typen belegt werden kann. Das schränkt uns bei der Benutzung entsprechender Objekte innerhalb der Klassendefinition ein: wenn wir innerhalb einer Klasse ein Objekt vom Typ eines Typparameters T haben und der Typparameter mit jedem beliebigen Typen belegt werden kann, dann wissen wir so gut wie nichts über das entsprechende Objekt. Das bedeutet auch, wir können auf diesem Objekt nur die Methoden aufrufen, die zur Klasse `Object` gehören (weil ja jedes Objekt die Klasse `Object` als Basisklasse hat und demnach deren Methoden geerbt hat). Die Methode `equals` von `Object` haben wir bereits kennen gelernt, eine andere `Object`-Methode ist `toString()`, die aus einem beliebigen Objekt eine `String`-Repräsentation erstellt.

In vielen Situationen wollen wir den für einen Typ-Parameter verwendbaren Typen aber einschränken, sodass nicht alle möglichen Typen verwendet werden können. Wir können nämlich festlegen, dass ein Typ-Parameter von einem bestimmten Typ oder einer Unterklasse davon sein muss.

Erinnern wir uns an unsere Klassenhierarchie `Person` → (`Mitarbeiter, Kunde`). Wir können einen Typparameter so einschränken, dass nur Typen, die entweder die Klasse `Person` oder eine Unterklasse davon sind, verwendet werden können. In diesem Fall wüssten wir, dass ein Objekt diesen Typs mindestens die Attribute und Methoden der Klasse `Person` besitzt. Auf diese Attribute und Methoden können wir deshalb innerhalb der Klassendefinition zugreifen.

Wir ändern unser Beispiel abermals ab, sodass nur die Klasse `Person` und ihre Unterklassen als Typ-Parameter verwendet werden können:

```
public class WithGenerics<T extends Person>
{
  private T myObject;

  public WithGenerics(T obj)
  {
    myObject = obj;
```

```
    }

    public String getName()
    {
      return myObject.name;
    }

    public static void main(String[] args)
    {
      Mitarbeiter saskia = new Mitarbeiter();
      saskia.name="Saskia Werner";

      WithGenerics<Mitarbeiter> wg = new WithGenerics<Mitarbeiter>(saskia);
      String name = wg.getName();

      Kunde ralf = new Kunde();
      ralf.name = "Ralf Mueller";

      WithGenerics<Kunde> wg2 = new WithGenerics<Kunde>(ralf);
      String name2 = wg2.getName();
    }
}
```

Um einen Typ-Parameter einzuschränken, ergänzen wir die Deklaration des Parameters einfach um `extends` gefolgt von dem Typ, auf den eingeschränkt werden soll. Von nun an können wir innerhalb der Klassendefinition bei Variablen vom entsprechenden Typ davon ausgehen, dass es sich um Objekte von diesem Typen oder einer Unterklasse davon handelt. Damit können wir also z.B. in der Methode `getName()` auf das `name`-Attribut der Klasse Person zugreifen.

Wenn wir jetzt versuchen, den Typ-Parameter mit einem nicht-kompatiblen Typen zu instanziieren, erhalten wir natürlich einen Compiler-Fehler.

14 Collections

Wir haben in den vorangegangenen Kapiteln viele grundlegende Programmierkonzepte von Java kennen gelernt. Damit wären wir in der Lage, nun selbst bereits nützliche Klassen und Programme zu erstellen.

Glücklicherweise ist es so, dass wir nicht das Rad bei jedem Programm, das wir erstellen, neu erfinden müssen. In Java gibt es eine *Klassenbibliothek*, d.h. es gibt dort eine Reihe von vordefinierten Klassen, die zu den unterschiedlichsten Zwecken eingesetzt werden können. Die Klassen der Klassenbibliothek decken z.B. Funktionalitäten für grafische Oberflächen, Ein- und Ausgabe von Daten, mathematische Funktionen, Netzwerkfunktionalität sowie Collections ab.

In diesem Kapitel werden wir uns mit der letztgenannten Reihe von Klassen befassen, den *Collections*. Eine Collection-Klasse ist eine Klasse, in deren Instanzen mehrere andere Objekte "gesammelt" werden können. Wir kennen das bereits vom Array: in einem Array können Instanzen anderer Klasse gespeichert werden. Arrays sind aber auch relativ unflexibel: die Größe eines Arrays muss bereits beim Anlegen des Arrays angegeben werden und ist nicht dynamisch. Zudem ist es recht mühsam, ein bestimmtes Objekt in einem Array zu finden, da alle Objekte "durchprobiert" werden müssen.

Die Collections schaffen Abhilfe, indem Sie Klassen anbieten, die für die unterschiedlichsten Zwecke optimiert sind. Die Collections lassen sich unterteilen in Listen, Mengen, assoziative Speicher sowie Warteschlangen. Wir werden uns die ersten 3 genannten Arten von Collections nun einmal genauer ansehen.

14.1 Listen

Listen sind so ähnlich wie Arrays. In einer Liste kann eine sequentielle Anordnung von Objekten eines Typs gespeichert werden. Anders als Arrays sind Listen aber größenveränderlich: es können Objekte eingefügt werden und natürlich können auch Objekte entfernt werden.

Es gibt ein Interface List, das vorgibt, welche Funktionalitäten eine Liste in Java (mindestens) haben muss. In den Collections gibt es für dieses Interface mehrere Implementierungen. Eine der gebräuchlichsten Implementierungen davon ist die Klasse ArrayList. Wir sehen uns die Verwendung an einem einfachen Beispiel an.

```
ArrayList<String> neueListe = new ArrayList<String>();

neueListe.add("Peter");
neueListe.add("Philip");
neueListe.add("Joerg");

// Liste sieht folgendermassen aus:
// Peter, Philip, Joerg
```

```java
neueListe.add(1, "Frank");

// Liste sieht jetzt folgendermassen aus:
// Peter, Frank, Philip, Joerg

neueListe.set(2, "Petra");

// Liste sieht jetzt folgendermassen aus:
// Peter, Frank, Petra, Joerg

neueListe.remove(0);

// Liste sieht jetzt folgendermassen aus:
// Frank, Petra, Joerg

neueListe.remove("Petra");

// Liste sieht jetzt folgendermassen aus:
// Frank, Joerg

int laenge = neueListe.size(); // 2

String secondElement = neueListe.get(1); // Joerg
boolean containsPetra = neueListe.contains("Petra"); // false
int indexJoerg = neueListe.indexOf("Joerg"); // 1

neueListe.clear(); // Liste ist nun leer
boolean isEmpty = neueListe.isEmpty(); // true
```

Die Klasse ArrayList ist als generische Klasse angelegt. Beim erstellen einer Instanz kann man also angeben, Elemente welchen Typs man in der Liste speichern möchte. Mittels Aufruf der add()-Methode können Elemente am Ende der Liste eingefügt werden. Man kann jedoch beim Einfügen auch angeben, dass ein Element an einer bestimmten Position eingefügt werden soll. Hierbei beginnt die Zählung der Positionen wie bereits vom Array bekannt bei 0: soll ein Element an erster Stelle eingefügt werden, schreibt man liste.add(0, element), an zweiter Position eingefügt wird ein Element durch liste.add(1, element) usw. Die Elemente, die sich hinter der Einfügeposition befinden, werden einfach einen Platz nach hinten geschoben.

Alternativ kann man auch einfach ein Element an einer Position durch ein anderes Element ersetzen, das geschieht mit der set()-Methode. Auch hierbei wird wieder ein Index angegeben, das Element das sich an dieser Position befand wird dann durch das neu übergebene Element ersetzt - die Größe der Liste ändert sich also in diesem Fall nicht.

Schließlich kann man mit remove() auch wieder Elemente aus der Liste entfernen. Als Parameter kann man entweder die Position des zu löschenden Objektes angeben oder man gibt das Element selbst an. Intern wird mit der Methode equals geprüft, ob die Elemente übereinstimmen und nicht mit dem Operator ==. Das bedeutet, wenn Sie ein Objekt angeben, das aus der Liste entfernt werden soll, werden beginnend beim ersten Element der Liste alle Elemente mit der `equals`-Methode mit dem zu entfernenden Objekt verglichen. Wenn eine Übereinstimmung gefunden wird, wird das entsprechende Objekt aus der Liste entfernt. Achtung: Es wird nur das erste übereinstimmende Objekt entfernt, wenn sich also mehrere gleiche Objekte in der Liste befinden, wird nur das erste entfernt.

Zudem hat die Klasse `ArrayList` auch noch einige Diagnose-Methoden, mit der man Informationen über eine Liste abfragen kann. Die Anzahl der Elemente einer Liste lässt sich mit der Methode `size()` bestimmen. Mit der Methode `get()` kann man auf einzelne Elemente der Liste zugreifen. Als Argument wird der null-basierte Index des Elementes angegeben. Die Methode `contains()` prüft, ob ein angegebenes Objekt in der Liste enthalten ist. Mit `indexOf()` kann man die Position eines Elementes innerhalb der Liste bestimmen. Ist das entsprechende Element nicht in der Liste enthalten, erhält man als Position -1.

Die Methode `clear()` entfernt alle Elemente aus der Liste und mittels `isEmpty()` kann man prüfen, ob eine Liste leer ist.

14.2 Mengen

Eine *Menge* unterscheidet sich von einer Liste insbesondere dadurch, dass bei einer Menge keine Duplikate erlaubt sind. Jedes Objekt kann also nur ein einziges Mal Teil einer Menge sein. Das Interface Set legt fest, welche Funktionalitäten eine Menge in Java (mindestens) besitzen muss.

Es gibt verschiedene konkrete Implementierungen dieser Schnittstelle. Wir werden uns nun einmal mit der Mengen-Klasse `TreeSet` beschäftigen. Ein `TreeSet`-Objekt zeichnet aus, dass seine Elemente automatisch sortiert sind. (Für die Informatiker unter Ihnen: die `TreeSet`-Klasse implementiert einen Rot-Schwarz-Baum) Wenn Elemente in eine `TreeSet`-Menge eingefügt werden, ist jederzeit sichergestellt, dass die Elemente innerhalb der Menge auch nach dem Einfügevorgang sortiert sind. Eine `TreeSet` ist insbesondere dann nützlich, wenn oft nach Elementen innerhalb der Menge gesucht werden soll, denn die Suche ist intern sehr effizient implementiert (d.h. zum Beispiel im Vergleich zur Suche innerhalb einer Liste geht die Suche innerhalb einer `TreeSet` sehr viel schneller vonstatten).

Wir schauen uns die Handhabung von `TreeSets` nun an einem konkreten Beispiel an.

```
TreeSet<String> neueMenge = new TreeSet<String>();

neueMenge.add("Peter");
neueMenge.add("Philip");
neueMenge.add("Joerg");

// Menge sieht jetzt folgendermassen aus:
// Joerg, Peter, Philip

String erstesElement = neueMenge.first(); // Joerg
```

```
String letztesElement = neueMenge.last(); // Philip

for (String element : neueMenge)
{
  System.out.println(element);
}

neueMenge.remove("Joerg");

// Menge sieht jetzt folgendermassen aus:
// Peter, Philip

boolean containsJoerg = neueMenge.contains("Joerg"); // false
int size = neueMenge.size(); // 2

neueMenge.clear(); // Menge ist nun leer
boolean isEmpty = neueMenge.isEmpty(); // true
```

Die TreeSet wird analog zur Liste angelegt. Auch hierbei handelt es sich um eine generische Klasse. Elemente können abermals über die add()-Methode eingefügt werden. Anders als bei der Liste spielt aber die Einfügereihenfolge keine Rolle: die Elemente werden sortiert in die Menge eingefügt (in diesem Fall also einfach die lexikografische Sortierung der Zeichenkette). Mit den speziellen Methoden first() und last() kann man auf das erste und das letzte Element der Menge zugreifen. Ein Ansprechen über einen Index, wie bei Listen, ist dagegen bei Mengen nicht möglich.

Um Zugriff auf alle Elemente der Menge zu haben, müssen wir die Menge mit Hilfe einer for-Schleife durchlaufen. Die for-Schleife ist etwas anders aufgebaut als die for-Schleifen, die wir zuvor gesehen haben. Die allgemeine Syntax für solche for-Schleifen lautet:

```
for (ELEMENTTYP ELEMENTVARIABLE : MENGE)
{
...
}
```

Im ersten Durchlauf der Schleife wird also die ELEMENTVARIABLE mit dem ersten Element der MENGE belegt. Im zweiten Durchlauf wird die ELEMENTVARIABLE mit dem zweiten Element der Menge belegt usw. In unserem Beispiel wird die Variable element also im ersten Durchlauf mit dem String "Jörg" belegt, im zweiten Durchlauf mit "Peter" und im dritten Durchlauf mit "Philip".

Auch bei Mengen gibt es eine remove()-Methode, die ein angegebenes Element aus einer Menge entfernt. Mit contains() kann wie bei Listen geprüft werden, ob ein Element Teil einer Menge ist. Der Unterschied zur Ausführung bei einer Liste ist lediglich, dass diese Prüfung bei der TreeSet in den meisten Fällen wesentlich schneller vonstatten geht, insbesondere bei sehr großen Mengen.

Die Methode size() liefert die Anzahl der Elemente in der Menge, isEmpty() prüft, ob die Menge leer ist. Mit clear() lassen sich alle Elemente aus der Menge entfernen.

Beachten Sie, dass es in der Java-Klassenbibliothek noch weitere Implementierungen des Interfaces `Set` gibt, die andere Eigenschaften aufweisen (z.B. nicht automatisch sortiert sind, sondern die Einfügereihenfolge erhalten).

14.3 Assoziative Speicher

Die dritte wichtige Gruppe von Collections sind *assoziative Speicher*, auch bekannt als *Mappings*. Mappings erlauben es, Objekte auf andere Objekte abzubilden. Das Prinzip ist ähnlich wie bei einer mathematischen Funktion: die Funktion f(x) = $2x$ bildet z.B. die 1 auf die 2 ab, die 3 auf die 6 und die 10 auf die 20, usw. Bei einem Java-Mapping kann man einen beliebigen Typen auf einen beliebigen anderen Typen abbilden. Während bei mathematischen Funktionen in der Regel Zahlen auf Zahlen abgebildet werden, kann man bei Java-Mappings Zahlen auf Menschen, Menschen auf Tiere oder auch Roboter auf Zahlen abbilden.

Zudem sind Java-Mappings im Gegensatz zu mathematischen Funktionen diskret: ein Java-Mapping ist eine endliche Funktion, d.h. es gibt nur eine endliche Anzahl an Abbildungen.

Eine Abbildung innerhalb eines Mappings besteht also immer aus genau zwei Elementen: dem Ursprungselement und dem Zielelement. Das Ursprungselement nennt man *Schlüssel* (engl. key), das Zielelement den *Wert* (engl. value).

Zu beachten ist, dass innerhalb eines Mappings jeder Schlüssel eindeutig ist, d.h. jeder Schlüssel kommt nur einmal vor. Werte können dagegen mehrmals verwendet werden.

Das entspricht übrigens auch dem Verhalten einer mathematischen Funktion. Bei der Funktion f(x) = $2x$ ist der Schlüssel 2 dem Wert 4 zugeordnet und nur dem Wert 4. Jeder Schlüssel ist genau einem Wert zugeordnet, aber es kann mehrere unterschiedliche Schlüssel geben, die auf denselben Wert abbilden (z.B. wie bei der mathematischen Funktion f(x) = x^2, dabei werden die Schlüssel 2 und -2 jeweils auf den Wert 4 abgebildet).

Vereinfacht könnte man ein Java-Mapping als eine geordnete Reihe von Paaren darstellen:

(1, "Peter"), (2, "Klaus"), (10, "Friederike")

In dem Beispiel würden also die 1 auf den String "Peter" abgebildet, die 2 auf den String "Klaus" und die 10 auf den String "Friederike".

Die Mindestanforderungen an eine Mapping-Klasse werden in Java von dem Interface `Map` festgelegt. Es gibt verschiedene konkrete Implementierungen, wir schauen uns nun beispielhaft die `TreeMap`-Implementierung an. Die `TreeMap` ist das Pendant zur `TreeSet` bei den Mengen. Die Elemente werden in eine `TreeMap` sortiert anhand ihrer Schlüssel eingefügt.

Wir beginnen mit einem einfachen Beispiel, das das Anlegen und die Nutzung einer TreeMap veranschaulicht.

```
TreeMap<Integer, String> neueMap = new TreeMap<Integer, String>();

neueMap.put(10, "Friederike");
neueMap.put(1, "Peter");
neueMap.put(2, "Klaus");

// Map sieht jetzt folgendermassen aus:
// (1, "Peter"), (2, "Klaus"), (10, "Friederike")

String element = neueMap.get(2); // Klaus
int firstKey = neueMap.firstKey(); // 1

neueMap.put(10, "Olaf");

// Map sieht jetzt folgendermassen aus:
// (1, "Peter"), (2, "Klaus"), (10, "Olaf")

neueMap.remove(2);

// Map sieht jetzt folgendermassen aus:
// (1, "Peter"), (10, "Olaf")

for (int key : neueMap.keySet()) {
  String value = neueMap.get(key);

  System.out.println(key + " wird dem String " + value + " zugeordnet");
}

boolean containsKey = neueMap.containsKey(2); // false
boolean containsValue = neueMap.containsValue("Olaf"); // true
```

Auch eine `TreeMap` ist eine generische Klasse. Im Gegensatz zu Listen und Mengen werden hier aber zwei Typ-Parameter benötigt, nämlich für Schlüssel und für Werte. In unserem Beispiel verwenden wir Integer für Schlüssel und String für Werte.

Beachten Sie, dass bei Generics bekanntermaßen keine primitiven Datentypen als Typ-Parameter verwendet werden können. Statt `int` verwenden wir stattdessen die Wrapper-Klasse `Integer`. Wir sehen dabei auch eine weitere nützliche Eigenschaft von Java, das *Auto-Boxing*: wir können an den Stellen, an denen ein `Integer`-Objekt erwartet wird, auch einen einfachen `int`-Wert verwenden. Der Java-Compiler macht daraus automatisch ein Integer-Objekt. Wenn wir also schreiben

```
Integer i = 7;
```

wandelt der Java-Compiler dies automatisch um in

```
Integer i = new Integer(7);
```

In unserem TreeMap-Beispiel haben wir von diesem Auto-Boxing Gebrauch gemacht, da wir als Schlüsselwerte immer einfache int-Variablen angeben. Wir fügen also 3 Abbildungen in die

TreeMap ein, nämlich (1 → "Peter"), (2 → "Klaus") sowie (10 → "Friederike"). Das geschieht über die Methode put(), der wir als ersten Parameter den Schlüssel übergeben und als zweiten Parameter den Wert, auf den der Schlüssel abgebildet werden soll.

Über die Methode get() können wir auf die Abbildungen innerhalb der TreeMap zugreifen: als Argument übergeben wir den gewünschten Schlüssel. Ist ein solcher Schlüssel in der TreeMap vorhanden, wird der entsprechende Wert geliefert, ist der Schlüssel nicht enthalten, erhalten wir als Rückgabewert der Methode get die null-Referenz.

Die Methode firstKey() liefert den ersten Schlüssel. Erster Schlüssel bedeutet dabei nicht der Schlüssel, der als erstes eingefügt wurde, sondern der der Sortierung entsprechend kleinste Schlüssel.

Wenn wir eine Abbildung für einen Schlüssel einfügen, der bereits in der TreeMap existiert, wird der entsprechende Wert überschrieben: der Schlüssel 10 war zunächst mit dem Wert "Friederike" belegt. Nun fügen wir den Wert „Olaf" für den Schlüssel 10 ein, damit wird "Friederike" überschrieben und "Olaf" nimmt nun ihren Platz ein.

Die TreeMap-Klasse besitzt auch eine remove()-Funktion, dieser wird der Schlüssel übergeben, dessen Abbildung aus der TreeMap entfernt werden soll.

Wir können auch alle Elemente der TreeMap mittels einer Schleife durch gehen. Dazu benötigen wir die TreeMap-Methode keySet(). Wenn wir diese Methode auf einer TreeMap aufrufen, liefert sie uns eine Menge aller Schlüssel, die in der TreeMap enthalten sind. Diese Menge können wir jetzt normal durchgehen, wie wir es aus dem vorherigen Abschnitt über Mengen bereits kennen:

```
for (SCHLUESSELTYP SCHLUESSELVARIABLE : MAPOBJEKT.keySet())
{
...
}
```

Bei jedem Durchlauf der Schleife wird die Schlüsselvariable also nacheinander mit allen Schlüsseln der TreeMap belegt. Über die Methode get() kommen wir dann jeweils an den zugehörigen Wert heran. So können wir wie im Beispiel dann Schlüssel und Wert auf der Konsole ausgeben.

Die Klasse TreeMap hat gleich zwei contains-Methoden: die Methode containsKey() prüft, ob ein Schlüssel vorhanden ist, die Methode containsValue() prüft, ob ein Wert vorhanden ist.

Nicht im Beispiel zu sehen sind die Methoden isEmpty(), clear() und size(). Auch diese sind in der TreeMap enthalten und funktionieren völlig analog zur Funktionsweise bei Listen und Mengen.

15 Dateiverarbeitung

Ein weiterer wichtiger Bestandteil von vielen Java-Programmen ist die Möglichkeit, auf Dateien zuzugreifen. Zugreifen bedeutet dabei sowohl Dateien zu lesen, als auch in Dateien zu schreiben.

15.1 Die Klasse RandomAccessFile

Eine einfache, aber auch relativ unkomfortable Möglichkeit, um Dateien zu lesen und zu beschreiben bietet die Klasse RandomAccessFile. Dem Konstruktor der Klasse übergibt man als ersten Parameter den Pfad der zu lesenden / schreibenden Datei. Der zweite Parameter gibt an, ob nur aus der Datei gelesen werden soll ("r") oder auch ein Schreibzugriff möglich sein soll ("rw").

Nach dem Konstruktoraufruf ist die Datei dann geöffnet - natürlich nur, sofern unter dem angegebenen Pfad auch eine Datei existiert. Ist das nicht der Fall, wird eine Exception ausgelöst.

Es gibt verschiedene read-Methoden. Die Standardlesemethode ist die Methode read() - diese liest einfach ein einzelnes Byte aus der Datei und liefert es als int-Wert zurück. Der nächste Aufruf liefert das nächste Byte, usw, bis das Ende der Datei erreicht ist - dann wird -1 zurück geliefert. Es gibt aber auch andere read-Methoden, die z.B. char, long, double oder mehrere Bytes auf einmal aus der Datei lesen können.

Hat man eine Datei auch zum Schreiben geöffnet, gibt es analog zu den read-Methoden auch write-Methoden. Mit der einfachsten Methode, write() kann man analog zu read() genau ein einzelnes Byte in die Datei schreiben.

Wichtig ist auch der Dateipositionszeiger: dieser gibt an, an welcher Stelle innerhalb der Datei man sich befindet. Direkt nach dem Öffnen der Datei steht der Dateipositionszeiger an Position 0, nach dem ersten Lese- oder Schreibvorgang an Position 1, usw. Mit Hilfe der Methode seek() kann man in der Datei hin- und herspringen und den Dateipositionszeiger an eine beliebige Position setzen.

Ist die Dateiverarbeitung abgeschlossen, sollte die Datei mit der Methode close() wieder geschlossen werden.

```
RandomAccessFile neueDatei =
    new RandomAccessFile("C:\\Eigene Dokumente\\testdokument.txt", "rw");

neueDatei.write(65);
neueDatei.write(69);
neueDatei.writeDouble(2.5);

neueDatei.close();
```

```
RandomAccessFile alteDatei =
    new RandomAccessFile("C:\\Eigene Dokumente\\testdokument.txt", "r");

int byte1 = alteDatei.read(); // 65
int byte2 = alteDatei.read(); // 69
double double1 = alteDatei.readDouble(); // 2.5

alteDatei.close();
```

15.2 Streams

Dateien können auch über *Streams* gelesen werden. Das Stream-Konzept ist so aufgebaut, dass man auf einem einfachen Stream komplexere Streams aufsetzen kann, sodass man damit sehr komfortabel Dateien lesen und schreiben kann. Wir verweisen dazu auf die weiterführenden Webtipps.

16 Nebenläufigkeit

Bisher haben wir nur rein sequentielle Programme gesehen: Das Programm startet mit der ersten Anweisung des Hauptprogramms und arbeitet nacheinander alle Anweisungen ab. Wenn die letzte Anweisung abgeschlossen wurde, wird das Programm automatisch beendet.

In einigen Fällen kann es aber sinnvoll sein, verschiedene Tätigkeiten nebeneinander, d.h. gleichzeitig, zu erledigen. Man spricht dann von *Nebenläufigkeit*.

Hierbei ist anzumerken, dass traditionelle Computersysteme keine echte Nebenläufigkeit ermöglichten: es gab nur einen Prozessor, und dieser kann immer nur eine Aufgabe nach der anderen ausführen. In diesem Fall wird eine Nebenläufigkeit simuliert, indem zwischen den verschiedenen Ausführungssträngen gewechselt wird. So könnten z.B. abwechselnd jeweils eine Anweisung aus jedem Ausführungsstrang ausgeführt werden und dann auf den nächsten Strang gewechselt werden. Wegen der hohen Geschwindigkeit, in der die Anweisungen auf einem modernen Prozessor ausgeführt werden, entsteht der Anschein, dass die Aufgaben gleichzeitig ausgeführt werden.

Bei modernen Mehrkern-Prozessoren ist dagegen auch eine echte Gleichzeitigkeit möglich. Für uns soll das aber nicht weiter von Interesse sein, ob zwei Aufgaben nun gleichzeitig oder lediglich quasi-gleichzeitig ausgeführt werden.

In der Informatik nennt man einen nebenläufigen Ausführungsstrang innerhalb eines Programms einen *Thread*. Auf den heutigen Computersystemen können auch mehrere Programme gleichzeitig laufen, dann spricht man von *Prozessen* bzw. *Tasks*. Von diesen Begriffen rühren die Bezeichnungen Multi-Tasking und Multi-Threading. In diesem Kapitel reden wir über Nebenläufigkeit innerhalb eines einzelnen Programmes, also über Multi-Threading.

Nebenläufigkeit macht z.B. Sinn im Zusammenhang mit grafischen Oberflächen. Wenn nach einem Klick auf eine Schaltfläche eine aufwändige Operation gestartet wird, sollte die Oberfläche nicht "einfrieren", sondern natürlich auch während der Berechnung weiter bedienbar sein. Daher würde man in einem solchen Fall die Operation in einen separaten Thread auslagern.

Auch Operationen, die auf Netzwerkverbindungen aufbauen, möchte man oft im Hintergrund ausführen, da bei der Benutzung von Netzwerken eben Wartezeiten entstehen, in denen das Programm natürlich nicht still stehen soll.

Die Realisierung von Nebenläufigkeit ist in Java relativ einfach: es gibt eine Klasse `Thread`. Von dieser Klasse leitet man eine neue Klasse ab und überschreibt die Methode `run()`: in diese Methode kommt der Code, der nebenläufig ausgeführt werden soll. Um diesen Code nun nebenläufig auszuführen, erzeugt man eine neue Instanz von der abgeleiteten Klasse und ruft darauf die Methode `start()` (Achtung: nicht die Methode `run()`) auf. Nun wird der Code, der in der Methode run steht, im Hintergrund ausgeführt.

Wie wir wissen, muss jede Klasse in einer eigenen Datei definiert werden, wobei der Klassenname dem Dateinamen entsprechen muss. Wenn man viele nebenläufige Ausführungsstränge erzeugen will und für jeden eine eigene Klasse in einer eigenen Datei erzeugen muss, wird das schnell unübersichtlich.

Java bietet zu diesem Zweck auch eine Abkürzung an. Man kann an Ort und Stelle eine Klasse *anonym* ableiten (d.h. man braucht ihr nicht mal einen Namen zu geben) und direkt eine Instanz davon erzeugen. Es handelt sich dann also gewissermaßen um eine "Einweg-Klasse: die Klasse wird definiert, direkt eine Instanz davon erzeugt und dann wird die Klasse wieder verworfen. Diese Vorgehensweise ist prädestiniert für die Erzeugung von Thread-Unterklassen, die direkt für die Ausführung von nebenläufigem Code verwendet werden.

Schauen wir uns das an einem Beispiel an.

```
Thread t = new Thread()
{
  public void run()
  {
    // hier aufwaendiger Code, der im Hintergrund
    // ausgefuehrt werden soll
  }
};

t.start();

// hier der sonstige Code fuer den "normalen" Programmablauf
```

Es wird also eine Thread-Variable t angelegt. Mit new Thread() wird ein neues Objekt erzeugt. Allerdings wird nun dahinter in einem -Block die abgeleitete anonyme Klasse definiert. In der anonymen Klasse überschreiben wir lediglich die Methode run(). Dort können wir beliebigen Code platzieren, der später im Hintergrund ausgeführt werden soll. Nach der schließenden Klammer der Klassendefinition setzen wir ein Semikolon.

Wir haben nun also eine anonyme Subklasse von Thread erstellt und direkt eine Instanz davon erzeugt. Diese Instanz haben wir in einer Thread-Variable t gespeichert. Das ist möglich, weil bekanntermaßen Objekte von einem Untertyp in einer Variable einer Oberklasse gespeichert werden können.

Die nebenläufige Ausführung des Codes in der run()-Methode wird durch den Aufruf der Methode start() auf der Thread-Variable gestartet. Der "sonstige Code für den normalen Programmablauf" und der "aufwändige Code" werden nun gleichzeitig oder quasi-gleichzeitig ausgeführt.

16.1 Synchronisation

Bei der nebenläufigen Programmierung kann ein neues Problem auftreten, das aus der rein sequentiellen Programmierung unbekannt ist. Denn was passiert, wenn zwei oder mehrere Threads gleichzeitig oder quasi-gleichzeitig auf dieselben Daten zugreifen?

So lange die Daten nur gelesen werden, ist das kein Problem. Doch spätestens wenn von mehreren Threads aus auf derselben Datenvariable Schreiboperationen durchgeführt werden, kann es zu Problemen kommen. Wir demonstrieren das an einem einfachen Beispiel eines Zählers. Wir implementieren eine Methode, die einfach zählt, wie oft sie aufgerufen wurde. Und diese Methode rufen wir dann mehrmals aus verschiedenen Threads auf.

```java
public class CounterTest
{
  private int counter;

  public CounterTest()
  {
    counter = 0;
  }

  public void incrementCount()
  {
    counter = counter + 1;
  }

  public void testCounter()
  {
    for (int i = 0; i < 10; ++i)
    {
      Thread t = new Thread()
      {
        public void run()
        {
          for (int j = 0; j < 100000; ++j)
          {
            incrementCount();
          }
          System.out.println(counter);
        }
      };

      t.start();
    }
  }

  public static void main(String[] args)
  {
    CounterTest test = new CounterTest();
    test.testCounter();
```

```
    }
}
```

Die Klasse `CounterTest` besitzt also eine Methode `incrementCount()` die bei jedem Aufruf das Zählerattribut um 1 vergrößert. In der Methode `testCounter` legen wir jetzt mit Hilfe einer `for`-Schleife 10 Threads an. Innerhalb eines jeden Threads definieren wir wiederum eine `for`-Schleife, die 100.000 mal die Zählmethode `incrementCount()` aufruft.

Wir haben also 10 Threads, die jeweils 100.000 mal den Zähler inkrementieren: am Schluss sollte die Zählervariable also 1.000.000 (1 Million) betragen. Um das herauszufinden, lassen wir jeweils am Ende eines Threads den Wert der Zählervariablen ausgeben: wir erhalten dann zwar 10 Ausgaben (eine für jeden Thread), von Interesse ist für uns aber nur die letzte Ausgabe, da sie uns den Endwert des Zählers angibt.

Nun führen wir das Programm aus und erhalten dabei ein überraschendes Ergebnis:

```
154503
254503
354503
454503
554503
597938
697938
797938
897938
997938
```

Wir führen das Programm erneut aus und erhalten ein anderes Ergebnis, das aber dennoch nicht dem erwarteten entspricht.

```
103975
242998
299991
399991
499991
599991
699991
799991
899991
999991
```

Im Wesentlichen erhalten wir bei jedem Ausführen des Programmes ein anderes Ergebnis. Wenn Sie das Beispiel auf ihrem eigenen Rechner durchführen, erhalten Sie vermutlich auch andere Ergebnisse, meistens aber nicht das erwartete Ergebnis, bei dem die 1000000 in der letzten Zeile steht.

Obwohl wir die Zählmethode also 1 Million mal aufgerufen haben, enthält die Zählvariable immer einen kleineren Wert und sogar bei verschiedenen Ausführungen unterschiedliche Werte. Wie kann das sein? Hierbei kommt das Problem des gleichzeitigen Schreibzugriffes auf dieselbe Datenvariable zum tragen.

Stellen Sie sich vor, die Zählvariable hat am Start den Wert 0. Nun wird die Zählmethode exakt gleichzeitig in 2 Threads ausgeführt. Was passiert dann?

In Thread 1 wird die Zählervariable ausgelesen, der Wert beträgt 0. Gleichzeitig wird der Wert aber auch im Thread 2 ausgelesen: auch hier wird die 0 gelesen. Nun wird der Wert in Thread 1 um 1 erhöht, sodass 1 berechnet wird und in die Zählvariable geschrieben wird. In Thread 2 wurde der Wert aber schon als 0 gelesen, daher wird auch dort die 1 als neuer Wert gelesen und in die Variable geschrieben.

Es haben nun also zwei Threads die Zählmethode aufgerufen, trotzdem beträgt die Zählvariable nur 1. Das ist deshalb so, weil beide Threads die Variable zur selben Zeit ausgelesen haben, unabhängig voneinander die Variable um 1 erhöht haben und dann den Wert wieder geschrieben haben. Da zur selben Zeit die Variable ausgelesen wurde, wurde von beiden Threads derselbe Wert gelesen und die gleiche Berechnung durchgeführt.

Um das Problem zu vermeiden, müssten wir also sicherstellen, dass immer nur ein Thread gleichzeitig auf die Variable zugreifen kann. D.h. wenn Thread 1 die Variable ausgelesen hat, muss Thread 2 so lange warten, bis Thread 1 auch die geänderte Variable wieder geschrieben hat. Danach erst darf Thread 2 den geänderten Wert auslesen und kann dann seinerseits den Wert wieder verändern.

In Java gibt es dafür die Möglichkeit, *kritische Abschnitte* zu markieren, die jeweils nur von einem Thread gleichzeitig betreten werden dürfen. Sie können sich das vorstellen, wie zwei Bahnlinien, die sich kreuzen: diese Kreuzung ist der kritische Abschnitt und es darf sich immer jeweils nur 1 Zug innerhalb dieses kritischen Abschnittes befinden. Wenn ein zweiter Zug an diesen kritischen Abschnitt gelangt, während sich der erste Zug noch innerhalb dieses Abschnittes befindet, muss der zweite Zug warten, bis der erste Zug den kritischen Abschnitt komplett verlassen hat.

Ebenso ist es auch mit den Threads in Java: ist ein kritischer Abschnitt von einem Thread belegt und möchte ein anderer Thread diesen Abschnitt betreten, muss er warten, bis der erste Thread den kritischen Abschnitt verlassen hat. Man nennt dieses Verhalten *Synchronisation*.

Es gibt in Java mehrere Möglichkeiten, die Synchronisation zu realisieren, wir stellen hier die einfachste davon vor. Am einfachsten ist es nämlich, einfach eine komplette Methode als kritischen Abschnitt zu markieren. Dazu fügt man einfach das Schlüsselwort `synchronized` hinter dem Zugriffsmodifizierer der Methode ein. Von nun an kann diese Methode jeweils nur noch von einem Thread gleichzeitig betreten werden (pro Objekt).

In unserem Beispiel müssen wir also nur die Methode `incrementCount()` mit dem `synchronized`-Schlüsselwort versehen:

```
public synchronized void incrementCount()
{
  counter = counter + 1;
}
```

Wenn wir nun das Gesamtprogramm ausführen, erhalten wir das erwartete Ergebnis:

```
131172
270333
300000
455224
502285
671307
700000
898221
900000
1000000
```

Auch beim erneuten Ausführen erhalten wir immer 1 Million als letzten Wert, d.h. der Zähler wurde korrekt 1 Million mal inkrementiert.

Es gibt in Java noch weitere Möglichkeiten, um kritische Bereiche zu markieren, die dem Programmierer mehr Detailkontrolle geben, wie synchronisiert wird. Dafür verweisen wir aber auf die weiterführenden Webtipps. Ebenso finden Sie dort auch Informationen dazu, welche Probleme durch das Verwenden von kritischen Abschnitten entstehen können und wie man diese vermeidet.

17 Netzwerkprogrammierung

In den letzten 20 Jahren ist das Internet nicht nur sehr populär geworden, sondern ein nahezu unverzichtbarer Teil des täglichen Lebens. Vermutlich selten zuvor hat eine Erfindung das Leben der Menschen in so kurzer Zeit so drastisch revolutioniert.

Damit einhergehend kommt auch die Tatsache, dass die Netzwerkverbindung eines Computers eine immer größere Rolle spielt. Wer heute einen neuen Rechner kauft, erhält fast nie einen Computer mit Diskettenlaufwerk, selbst CD- oder DVD-Laufwerke sind mittlerweile nicht mehr in allen Modellen enthalten. Ein schneller Netzwerkanschluss sowie eine WLAN-Funktion fehlt aber an keinem heute verkauften Computer mehr.

Oft benutzen wir die Netzwerkverbindung unseres Rechners im Zusammenhang mit einem Browser wie Internet Explorer oder Mozilla Firefox, um uns Webseiten ansehen zu können. Aber auch andere Programme nutzen Netzwerkverbindungen. Denken Sie z.B. an ein Videospiel, das Sie online gegen ihre Freunde spielen - hierbei werden über eine Netzwerkverbindung Daten ausgetauscht, sodass Sie von zwei unterschiedlichen Rechnern gleichzeitig auf dasselbe Spiel zugreifen können.

Technisch gesehen besteht eine Netzwerkverbindung in der Regel zwischen 2 Endpunkten. Wenn Sie ein entsprechende Programm entworfen haben, können Sie das Programm auf Ihrem Rechner starten und beispielsweise an einen Freund senden, der das Programm auf seinem Rechner startet und dann kann zwischen den beiden Rechnern mit Hilfe des Programms eine Verbindung aufgebaut werden, über die danach Daten ausgetauscht werden.

Tatsächlich ist es so, dass es viele verschiedene Arten gibt, wie Daten zwischen zwei Rechnern ausgetauscht werden. Die zwei bekanntesten *Protokolle* dafür sind TCP und UDP. Zunächst einmal gehen wir ganz kurz auf die Unterschiede zwischen diesen beiden Protokollen ein.

TCP können Sie sich vorstellen wie einen Telefonanruf: Sie geben eine Adresse an, mit der Sie sich verbinden wollen (Telefonnummer) und bauen eine Verbindung auf (Anruf). Wenn die Verbindung komplett aufgebaut ist, können Sie mit der Gegenseite über diese Verbindung nach Belieben Daten austauschen (Gespräch).

UDP lässt sich dagegen eher wie das Versenden eines Briefes charakterisieren: Sie formulieren eine Nachricht, schreiben die Zieladresse darauf und werfen Sie in einen Briefkasten. Nun hoffen Sie, dass der Brief auch ankommt, eine Gewissheit dafür gibt es aber nicht - die Adresse könnte falsch sein oder der Brief kann auch einfach in der Post verloren gehen. Ebenso ist es beim UDP-Datenversand: Sie geben für ein Datenpaket eine Adresse an und senden es einfach los, Sie erhalten aber keine Bestätigung ob das Paket jemals angekommen ist.

17.1 Sockets

Da man in der Regel sichergehen möchte, dass versendete Daten auch ankommen, werden meistens TCP-Verbindungen verwendet. In Java gibt es zur Realisierung von TCP-Verbindungen die sogenannten *Sockets*. Mit Hilfe von Sockets kann man eine Verbindung zwischen zwei Endpunkten herstellen. Einer der Endpunkte wird dabei der Server genannt, der andere der Client. Der Server ist dabei derjenige, der darauf wartet, dass der Client eine Verbindung zu ihm aufbaut, während der Client derjenige ist, der selbst aktiv eine Verbindung einleitet.

Um das mit unserer Telefonanruf-Analogie zu verdeutlichen: derjenige, der angerufen wird, ist der Server. Er ist nicht selbst aktiv daran beteiligt, die Verbindung aufzubauen, sondern wartet lediglich darauf, dass er von jemandem angerufen wird. Der Anrufer ist der Client: dieser baut durch das Wählen der Telefonnummer die Verbindung selbst aktiv auf.

Bevor wir uns konkret ansehen, wie das funktioniert, müssen wir vorher noch klären, was bei TCP-Verbindungen überhaupt die Adresse ist, mit der man einen Server erreichen kann. Bei Telefonanrufen ist das die Telefonnummer, aber bei Netzwerkverbindungen?

Wie Sie sicherlich wissen, gibt es bei Netzwerkverbindungen das Konzept der *IP-Adresse*. Wenn sich ein Rechner in ein Netzwerk einwählt (also wenn Sie sich mit dem Internet verbinden), erhält der Rechner von dem Netzwerk eine eindeutige Nummer, mit der der Rechner fortan angesprochen werden kann, z.b. 217.12.28.255 . Wenn wir eine Verbindung mit einem Programm, das auf einem entfernten Rechner läuft, herstellen wollen, brauchen wir also auf jeden Fall schon einmal dessen IP-Adresse.

Doch die IP-Adresse allein genügt noch nicht. Auf einem Computer können bekanntlich sehr viele Programme gleichzeitig laufen (Multi-Tasking). Stellen Sie sich vor, Sie stellen nun eine Verbindung mit einem Rechner unter einer IP-Adresse 1.2.3.4 her. Ihre Verbindungsanfrage kommt dann bei diesem Rechner an und soll vom Betriebssystem verarbeitet werden. Aber woher soll das Betriebssystem wissen, für welches Programm diese Verbindungsanfrage gedacht ist? Wenn wir uns mit einem entfernten Rechner verbinden, wollen wir uns ja immer mit einem konkreten Programm auf dem entfernten Rechner verbinden, das die empfangenen Daten auch verarbeitet.

Daher genügt es zum Verbindungsaufbau nicht, einfach nur die IP-Adresse des Zielrechners anzugeben, sondern es wird auch ein Mechanismus benötigt, mit dem ein bestimmtes Programm auf dem entfernten Rechner angesteuert werden kann. Man bedient sich dazu allgemein der sogenannten *Ports*.

Ein Port ist einfach eine Nummer im Bereich von 1 bis 65535. Eine Server-Anwendung kann sich nun einen Port reservieren und an diesem warten, bis eine Verbindung eingeht. Sie können sich das vorstellen als einen Hafen mit verschiedenen Anlegestellen: der Hafen repräsentiert den gesamten Server-Rechner. An den Anlegestellen (den Ports) warten nun einzelne Anwendungen, dass dort Schiffe anlegen. Wenn wir uns mit einem Programm auf einem entfernten Rechner verbinden wollen, müssen wir also neben der IP-Adresse des Rechners auch noch wissen, an welchem Port dieses Programm wartet.

Wenn wir selbst eine Server-Anwendung erstellen, können wir frei wählen, an welchem Port wir auf Verbindungen warten wollen. Aber Achtung: natürlich sollte an jedem Port nur eine Anwendung warten, sonst gibt es natürlich einen Konflikt. Die niedrigen Ports sind alle bereits durch grundlegende Windows-Dienste blockiert (siehe hier [7]) - wenn wir eine eigene Anwendung erstellen, sollten wir also eine möglichst große Portnummer wählen, um mit keinem anderen Programm in Konflikt zu geraten. Bei einem Port zwischen 50.000 und 65.000 ist die Wahrscheinlichkeit relativ gering, dass man mit einem anderen Programm kollidiert, daher sind diese Ports für eigene Anwendungen am besten geeignet.

17.1.1 Port-Weiterleitung

Zum Konzept der Ports müssen wir an dieser Stelle noch eine Anmerkung machen. In der Praxis sind Rechner heutzutage selten direkt mit dem Internet verbunden, sondern es wird beispielsweise ein Router zwischengeschaltet, der es ermöglicht, mehrere Rechner an einen Internetzugang zu hängen.

In diesem Fall gibt es aber wieder ein Problem: der Router erhält nur eine globale IP-Adresse und fortan sind dann alle Rechner, die hinter diesem Router hängen, unter derselben IP-Adresse im Internet unterwegs. Das Problem ist also: wenn man versucht, sich von außen mit einem dieser Rechner zu verbinden, landet die Verbindungsanfrage nicht mehr direkt bei diesem Rechner, sondern bei dem vorgeschalteten Router. Also erhält der Router eine Verbindungsanfrage, die eigentlich für einen der Rechner hinter dem Router angedacht ist. Der Router weiß aber nicht, für welchen Rechner die Anfrage gedacht ist, kann also nichts damit anfangen. Daher verwirft der Router die Anfrage einfach.

Es ist also im "Normalzustand"gar nicht möglich, sich mit einem Rechner zu verbinden, der hinter einem Router sitzt. Um das dennoch zu ermöglichen, muss man eine Einstellung am Router vornehmen: eine sogenannte *Port-Weiterleitung*. Man kann am Router einstellen: Wenn eine Verbindungsanfrage für den Port XYZ erscheint, leite diese Anfrage weiter an den Rechner ABC. Hat man diese Einstellung vorgenommen, dann weiß der Router, an welchen Rechner er eine bestimmte Anfrage weiterleiten soll und dann kann auch eine Verbindung von außen korrekt aufgebaut werden.

Wenn Sie also eine Server-Anwendung an einem normalen Heim-Rechner verwenden wollen, der hinter einem Router betrieben wird, müssen Sie den von Ihnen gewählten Server-Port über das Einstellungs-Menü des Routers auf den Ziel-Rechner "weiterleiten".

---

[7]https://en.wikipedia.org/wiki/List_of_TCP_and_UDP_port_numbers

17.2 Der Server

Nach soviel Theorie wollen wir uns das jetzt in der Java-Praxis ansehen. Wir beginnen mit einem einfachen Server-Programm, das auf eingehende Verbindungen wartet.

```java
ServerSocket serverSocket = new ServerSocket(50000);

Socket clientVerbindung = serverSocket.accept();

InputStream is = clientVerbindung.getInputStream();
OutputStream os = clientVerbindung.getOutputStream();

int zahl1 = is.read();
int zahl2 = is.read();

int ergebnis = zahl1 + zahl2;

os.write(ergebnis);
os.flush();

clientVerbindung.close();
```

Wir erstellen hier ein Server-Socket, das am Port 50000 auf eingehende Verbindungen wartet. Dafür gibt es in Java die Klasse `ServerSocket`. Diese ist dafür zuständig, auf eingehende Verbindungen zu warten. Der Wartevorgang wird durch Aufruf der Methode `accept()` gestartet: diese Methode blockiert so lange, bis tatsächlich eine Verbindung an diesem Port eingeht. Wenn wir also die Methode `accept()` aufrufen, und es geht erst eine halbe Stunde später eine Verbindung von außen ein, dann steht das Programm eben eine halbe Stunde still.

Wenn eine Verbindungsanfrage eingegangen ist, wird von der Methode `accept()` automatisch die Verbindung hergestellt. Die Methode gibt ein "normales" Socket zurück: das Socket stellt einen gewöhnlichen Endpunkt einer Verbindung dar. Um zur Analogie des Telefonanrufes zurück zu kehren: ein Socket ist dann gewissermaßen der Telefonhörer. In diesen können wir nun sowohl reinsprechen als auch hören, was die Gegenseite sagt. Ebenso ist es mit dem Socket: in dieses können wir nun Daten reinschreiben, die dann am anderen Endpunkt ankommen, aber wir können auch Daten aus diesem Socket auslesen, die am anderen Endpunkt hinein geschrieben wurden.

In Java wird dieses Schreiben und Lesen von Sockets mit Hilfe von *Streams* realisiert. Ein `InputStream` ist ein Stream, aus dem man Daten auslesen kann, ein `OutputStream` ist ein Stream, in den man Daten schreiben kann.

Das Socket besitzt sowohl einen `InputStream` als auch einen `OutputStream`. Im `InputStream` kommen die Daten an, die die Gegenseite (d.h. das Socket auf dem entfernten Rechner) gesendet hat. In den `OutputStream` können wir selbst Daten schreiben, die dann wiederum am `InputStream` der Gegenseite ankommen.

Mit den Methoden getInputStream und getOutputStream kommt man an die beiden Streams eines Sockets heran.

In unserem Beispiel verwenden wir zunächst den InputStream. Durch den Aufruf der Methode read() wird ein einfaches Byte aus dem Stream gelesen und als int-Wert zurück geliefert. Auch die Methode read() blockiert: es kann natürlich nur etwas aus einem Stream gelesen werden, wenn es auf der Gegenseite bereits in den OutputStream geschrieben wurde. Die Methode wartet also so lange, bis tatsächlich Daten verfügbar sind, die gelesen werden können.

Wir lesen im Beispiel zwei Bytes aus den InputStream aus. Danach addieren wir die beiden erhaltenen Zahlen. Nun benutzen wir den OutputStream, um das Ergebnis der Addition zurück an den Sender zu verschicken: die Methode write() des OutputStreams übermittelt ein einzelnes Byte an die Gegenseite.

Schließlich rufen wir noch die Methode flush() auf dem OutputStream auf: damit verleihen wir unserer Forderung, dass die Daten versendet werden, Nachdruck. Warum müssen wir das überhaupt tun? Nun, intern kann es sein, dass ein Stream-Objekt warten möchte, bis es genug Daten zusammen hat, um diese auf einen Schlag zu versenden. Wenn wir also nur ein einzelnes Byte in den Stream schreiben, dann kann es sein, dass das Stream-Objekt intern entscheidet „ich warte mit dem Versenden noch ein bisschen, bis ich mehr Daten zum Versenden habe, damit sich das Versenden auch lohnt". Durch den Aufruf von flush() können wir das Verhindern: alle ausstehenden Daten werden sofort versendet.

Wir haben nun also über die Netzwerkverbindung zwei Bytes empfangen, diese addiert und das Ergebnis der Addition zurück an den Absender geschickt. Abschließend können wir die Netzwerkverbindung trennen, das geschieht durch Aufruf der close()-Methode auf dem Socket.

17.3 Der Client

Nun sehen wir uns auch noch die zu unserem Server passende Client-Anwendung an. Die Client-Anwendung soll also folgendes tun: zwei Bytes über ein Socket an den Server senden und dann einen Wert, der die Summe der beiden Werte enthalten sollte, vom Server zurück erhalten.

In Java-Code sieht das wie folgt aus:

```
Socket socket = new Socket("localhost", 50000);

OutputStream os = socket.getOutputStream();
InputStream is = socket.getInputStream();

os.write(5);
os.write(12);
```

```
os.flush();

int ergebnis = is.read();

socket.close();

System.out.println("Das vom Server gelieferte
    Ergebnis der Addition lautet " + ergebnis);
```

Für ein Socket-Objekt gibt es also auch einen Konstruktor. Dem Konstruktor übergibt man die IP-Adresse des Servers sowie den gewünschten Port und dann wird automatisch eine Verbindung hergestellt.

In unserem speziellen Fall haben wir keine IP-Adresse angegeben, sondern die Bezeichnung "localhost". localhost bedeutet, dass wir uns dieses Mal nicht mit einem entfernten Rechner verbinden wollen, sondern lediglich mit einem anderen Port auf dem eigenen Computer. Wir können damit also zwei Programme, die auf demselben Rechner laufen, miteinander verbinden. Natürlich hätten wir statt localhost hier auch einfach eine externe IP-Adresse angeben können, auf der unsere Server-Anwendung läuft.

Nachdem über das Socket die Verbindung aufgebaut wurde, holen wir uns über getOutputStream und getInputStream wieder die Streams, mit deren Hilfe Daten ausgetauscht werden können. In den OutputStream schreiben wir die Werte 5 und 12 und stellen durch Aufruf von flush() sicher, dass die Daten auch tatsächlich an die Gegenseite übertragen werden. Nun lauschen wir auf dem InputStream auf ein Ergebnis, das wir von der Gegenseite zugesendet bekommen. Dieses sollte die Summe der beiden Eingabezahlen beinhalten. Dieses Ergebnis speichern wir in einer Variablen und geben diese auf der Konsole aus. Zudem schließen wir natürlich auch hier die Verbindung über einen Aufruf von close() auf dem Socket-Objekt.

In der Realität würde man übrigens die Streams nicht auf diese direkte Weise benutzten, sondern komplexere Streams verwenden, mit denen auch komplexere Objekte über eine Netzwerkverbindung übertragen werden können. An dieser Stelle soll jedoch dieses einfache Beispiel genügen, um das grundlegende Prinzip bei der Datenübertragung zu demonstrieren.

17.4 Zugriff auf Internet-Ressourcen

Mit dem gezeigten Mechanismus der Sockets können wir theoretisch auf alle Dienste zugreifen, die via TCP realisiert sind. Das trifft z.B. auf Webserver zu: mittels Socket-Programmierung können wir Internetseiten auslesen und die Daten in unseren Programmen verarbeiten.

Der Zugriff auf Internet-Ressourcen ist jedoch eine sehr gebräuchliche Anwendung von Netzwerktechnik innerhalb von Java-Programmen. Daher gibt es in Java Klassen, die uns den Zugriff auf Webseiten vereinfachen.

Beginnen wir mit der Klasse URL: eine Instanz der Klasse URL repräsentiert einfach eine Internetadresse:

```
URL myUrl = new URL("http://www.programmierenlernen24.de/
                     netzwerkprogrammierung-einfuehrung/");
```

Das Beispiel zeigt ein URL-Objekt, das die Internetadresse von diesem Tutorial repräsentiert. Doch die Adresse allein hilft uns noch nicht weiter. Wir wollen ja an die Daten, die unter dieser Adresse gespeichert sind.

Die Klasse URL besitzt eine Methode openConnection(), mit der eine Verbindung zu dem entsprechenden Webserver aufgebaut werden kann.

```
URLConnection con = myUrl.openConnection();
```

Als Ergebnis des Aufrufs erhalten wir ein Objekt vom Typ URLConnection. Dieses Objekt entspricht in etwa dem Socket, das wir von den einfachen TCP-Verbindungen kennen. Wir können uns von diesem Verbindungs-Objekt nun den InputStream nehmen und über diesen den Inhalt der URL auslesen.

```
InputStream is = con.getInputStream();

StringBuffer sb = new StringBuffer();

int ch;
while ((ch = is.read()) != -1)
{
  sb.append((char) ch);
}

System.out.println(sb.toString());
```

Hierbei begegnen uns nun ein paar neue Konzepte. Zunächst holen wir uns also den InputStream vom Verbindungs-Objekt. Als nächstes legen wir ein StringBuffer-Objekt an. Ein StringBuffer ist so ähnlich wie ein String, mit der Ausnahme, dass ein StringBuffer veränderlich ist. Wir können dem StringBuffer also nach und nach Zeichen hinzufügen. Da wir den InputStream gleich zeichenweise auslesen wollen, ist das nützlich, da wir so den Inhalt der URL nach und nach als String aufbauen können.

Interessant wird es nun aber bei der while-Schleife. Eine while-Schleife wird so lange ausgeführt, wie die Bedingung erfüllt ist. Doch die Bedingung sieht hier ein bisschen kompliziert aus, oder? Schauen wir uns das daher genau an.

Die Bedingung lautet: (ch = is.read()) != -1

Links haben wir den Ausdruck ch = is.read() in Klammern. Dieser Ausdruck ist eine einfache Zuweisung, d.h. der zuvor angelegten int-Variable ch wird der Wert zugewiesen, der aus dem Stream gelesen wird. Nachdem diese Zuweisung erfolgt ist, wird die Bedingung geprüft: ch != -1 .

Wir haben hier also eine Zuweisung und eine Bedingung zu einer Anweisung verknüpft. Die Zuweisung, die in Klammern steht, wird zuerst ausgeführt und danach wird das Ergebnis der Zuweisung für den Vergleich verwendet.

Der Ablauf der Schleife ist also wie folgt: es wird ein Wert aus dem Stream gelesen. Wenn dieser Wert ungleich -1 ist, wird der Schleifenrumpf ausgeführt, wenn der Wert -1 ist wird die Schleife beendet. Es werden also so lange Werte aus dem Stream gelesen, bis das Ende des Streams erreicht ist - dieses Ende wird nämlich dadurch angezeigt, das man beim Lesen des Streams die -1 erhält.

Bleibt nun noch der Schleifenrumpf, den wir zu analysieren haben:

```
sb.append((char) ch);
```

Es wird auf dem `StringBuffer`-Objekt die Methode `append()` aufgerufen. Mit dieser Methode kann man, wie es der Name schon sagt, ein Zeichen an den `StringBuffer` anhängen. Wir haben aus dem Stream ein einzelnes Byte ausgelesen, das als `int`-Zahl repräsentiert wird (d.h. durch einen ASCII-Code). Um das entsprechende Zeichen zu erhalten, konvertieren wir den Wert durch eine explizitze Typumwandlung in den Datentyp `char`.

Insgesamt betrachtet macht die Schleife also folgendes: der `InputStream`, über den der Inhalt der Internet-Ressource empfangen wird, wird zeichenweise ausgelesen. Da die Zeichen im ASCII-Code ankommen, konvertieren wir sie direkt zum Datentyp `char`, damit wir sie als Zeichen an den `String` anhängen können. Auf diese Weise lesen wir nach und nach den gesamten Inhalt der Web-Ressource aus und speichern ihn in einem `StringBuffer`-Objekt.

Am Ende können wir das `StringBuffer`-Objekt über die Methode `toString()` in einen normalen String konvertieren und das gesamte Objekt auf der Konsole ausgeben. Wir sollten nun also den Quelltext der angegebenen Internetadresse auf der Konsole sehen können.

18 Grafische Oberflächen (GUIs)

Zum Abschluss unserer Java-Einführung wollen wir auch noch kurz auf die *GUI- Programmierung* zu sprechen kommen. Bisher haben wir nur einfache Konsolenprogramme gesehen: diese Programme werden gestartet, sie erzeugen ein paar Ausgaben auf der Konsole und schon sind sie wieder beendet. Konsolenprogramme sind recht gut dazu geeignet, um die Fähigkeiten von Java zu demonstrieren. Gerade im Entwickler-Bereich gibt es sogar viele "echte"Programme, die lediglich über die Konsole laufen. Solche Programme werden dann entweder über Config-Dateien, die ausgelesen werden, gesteuert, oder über Kommandozeilenparameter werden Einstellungen am Programm vorgenommen.

In der Regel, wenn man ein Programm erstellt, das von anderen Menschen benutzt werden soll, möchte man aber eine grafische Benutzeroberfläche in das Programm integrieren (engl. graphical user interface, kurz GUI). Der Ablauf eines GUI-Programmes unterscheidet sich von dem einer Konsolenanwendung: Bei der Konsolenanwendung werden nacheinander alle Anweisungen abgearbeitet, dann wird das Programm beendet. Eine GUI-Anwendung öffnet eines oder mehrere Fenster und wartet dann auf Benutzerinteraktionen. Je nach Benutzerinteraktion werden dann Berechnungen und Aktionen durchgeführt. Meist wird das Programm erst dann beendet, wenn der Benutzer dies ausdrücklich wünscht, zum Beispiel durch Klicken der X-Schaltfläche rechts oben in der Titelzeile.

Wenn man ein Programm mit einer grafischen Benutzeroberfläche schreibt, geht man also meistens wie folgt vor: über die entsprechenden Java-Befehle baut man zunächst die Benutzeroberfläche auf. Die Benutzeroberfläche sollte einige Elemente enthalten, die eine Benutzerinteraktion ermöglichen, z.B. Buttons oder Eingabefelder. Für jedes Element, das eine Benutzerinteraktion ermöglicht, kann man nun festlegen, welche Aktion ausgeführt wird, wenn die Interaktion erfolgt. Man kann also beliebigen Code angeben, der ausgeführt wird, wenn ein Benutzer eine Interaktion mit der GUI durchführt.

Grafische Oberflächen werden in Java meist mit Hilfe der *Swing-Bibliothek* realisiert. Ältere Anwendungen benutzen auch das *Abstract Window Toolkit* (AWT), dies gilt jedoch als überholt. Wir werden uns daher auch hier auf Swing-Oberflächen beschränken.

In diesem Tutorial werden wir uns lediglich eine sehr einfache Benutzeroberfläche ansehen. Es gibt in Java verschiedene Möglichkeiten, aufwändige GUIs zu gestalten, wir werden uns jedoch hier drauf beschränken, das grundsätzliche Prinzip an einem sehr einfachen Beispiel zu erläutern.

Um eine Anwendung mit einer grafischen Benutzeroberfläche zu erstellen, benötigen wir ein Fenster, in das die Oberfläche dann hinein kommt. In Java gibt es dafür die Klasse `JFrame`, eine Instanz dieser Klasse repräsentiert ein Fenster.

18.1 Die minimale GUI

Wir erstellen eine erste sehr einfache Mini-Anwendung, die einfach ein Fenster öffnet und sonst nichts weiter tut:

```
public class MyFirstGui
{
  public static void main(String[] args)
  {
    JFrame f = new JFrame();
    f.setDefaultCloseOperation(JFrame.EXIT_ON_CLOSE);
    f.setVisible(true);
  }
}
```

Der Einfachheit halber verfrachten wir das gesamte Programm in die main()-Methode. Das Programm besteht aus lediglich 3 Anweisungen. Zunächst wird ein JFrame-Objekt angelegt, das das Fenster darstellen soll. Auf diesem Objekt wird nun die Methode setDefaultCloseOperation() aufgerufen - mit dieser Methode kann man festlegen, was passieren soll, wenn man auf den X-Schließen-Button oben rechts in der Titelzeile klickt. Da gibt es nämlich verschiedene Möglichkeiten:

a) es passiert einfach gar nichts b) das Fenster wird ausgeblendet, das Programm läuft aber im Hintergrund weiter c) das Programm wird beendet.

Meist wird man die dritte Variante wählen: wenn auf den Schließen-Button geklickt wird, soll das Programm auch beendet werden. Dazu übergeben wir der Methode setDefaultCloseOperation() als Parameter die in der Klasse JFrame statisch deklarierte Konstante EXIT_ON_CLOSE.

Mit der dritten Anweisung, setVisible(), machen wir das Fenster nun sichtbar. Wenn ein Fenster-Objekt erzeugt wird, ist das Fenster also nicht automatisch sichtbar, es muss erst sichtbar gemacht werden. Ebenso kann über setVisible das Fenster auch wieder unsichtbar gemacht werden, indem false als Parameter übergeben wird.

Dieses Programm können wir nun so bereits ausführen. Das Programm tut genau das, was man erwarten würde: es wird einfach ein kleines Fenster ohne jeglichen Inhalt geöffnet. Zu beachten ist, dass das Programm nicht direkt beendet wird, wenn die drei Anweisungen ausgeführt worden sind, wie das bei Konsolenprogrammen der Fall ist. Das Programm läuft also tatsächlich so lange weiter, bis wir das Fenster über den X-Button schließen. Dann wird das Programm beendet.

18.2 GUI-Elemente

Natürlich wollen wir jetzt auch eine GUI-Anwendung erstellen mit einem Fenster, das auch einen Inhalt besitzt. Dafür bietet es sich an, eine neue Klasse zu erstellen, indem man die Klasse JFrame ableitet. Wir erstellen also eine eigene Fenster-Klasse, die von uns definierte Eigenschaften und Komponenten besitzt.

Das Fenster soll aus einem Eingabefeld, einem Button und einem Ergebnisfeld bestehen. In das Eingabefeld soll man eine Zahl schreiben können und nach einem Klick auf den Button soll die Zahl verdoppelt und im Ergebnisfeld ausgegeben werden.

```
public class GuiTest extends JFrame
{
  private JTextField textField = null;
  private JButton startButton = null;
  private JLabel ergebnisLabel = null;

  public GuiTest() {
    setTitle("Verdoppler");

    setLayout(new FlowLayout());

    add(getTextField());
    add(getButton());
    add(getErgebnisLabel());

    pack();

    setDefaultCloseOperation(EXIT_ON_CLOSE);
    setVisible(true);
  }

  private JLabel getErgebnisLabel() {
    if (ergebnisLabel == null) {
      ergebnisLabel = new JLabel();
      ergebnisLabel.setPreferredSize(new Dimension(250, 22));
    }
    return ergebnisLabel;
  }

  private JTextField getTextField() {
    if (textField == null) {
      textField = new JTextField();
      textField.setPreferredSize(new Dimension(80, 22));
    }
    return textField;
  }

  private JButton getButton() {
    if (startButton == null) {
```

```
            startButton = new JButton("Verdopple!");
        }
        return startButton;
    }

    public static void main( String[] args )
    {
        GuiTest gui = new GuiTest();
    }
}
```

Wir erstellen also eine Unterklasse von JFrame, um unser eigenes Fenster zu realisieren. Die Klasse hat 3 private Attribute: textField, startButton sowie ergebnisLabel.

textField ist vom Typ JTextField. Mittels JTextField-Objekten werden Eingabefelder in grafischen Oberflächen realisiert. startButton ist vom Typ JButton: mit dieser Klasse können Buttons, auf die man Klicken kann, in grafischen Oberflächen realisiert werden. Schließlich haben wir noch das Attribut ergebnisLabel, das vom Typ JLabel ist. Ein JLabel-Objekt dient dazu, eine einfache Beschriftung (d.h. in der Regel einen Text) in einer grafischen Oberfläche zu realisieren.

Beachten Sie: wir haben bis hierhin lediglich die entsprechenden Attribute angelegt. Wir haben diese Objekte noch nicht erzeugt und sie werden auch noch nicht in unserem Fenster angezeigt. Um die entsprechenden Objekte zu erstellen, haben wir 3 Methoden angelegt: getErgebnisLabel(), getTextField() und getButton(). Die Funktionsweise dieser drei Methoden ist relativ simpel: es wird jeweils der Konstruktor aufgerufen und ein Objekt vom entsprechenden Typ erstellt und in der korrekten Variable gespeichert. Beim Konstruktoraufruf von JButton übergeben wir noch einen String-Parameter: mit diesem können wir angeben, wie der Button beschriftet ist. Für das Textfeld sowie das Beschriftungsobjekt geben wir darüberhinaus durch einen Aufruf der Methode setPrefferedSize() noch an, wie groß diese Objekte optimalerweise später im Fenster sein sollen. Wir geben eine Größe von 80 x 22 für das Eingabefeld an (d.h. 80 Pixel breit und 22 Pixel hoch) sowie 250 x 22 für das Beschriftungs-Label.

Zusammengebaut wird unser Fenster im Konstruktor der Klasse. Zunächst wird über setTitle() ein Fenstertitel angegeben werden, dieser wird dann im Fenster in der Titelzeile angezeigt. Als nächstes legen wir ein *Layout* für unser Fenster fest. Es gibt in Java verschiedene Layouts, die es ermöglichen, komplexe Anordnungen der GUI-Elemente zu realisieren. Wir verwenden in diesem Fall aber das einfachst mögliche Layout: das FlowLayout. Wenn für ein Fenster ein FlowLayout verwendet wird, bedeutet das, dass einfach alle grafischen Komponenten, die zu dem Fenster hinzugefügt werden, ganz simpel nacheinander angeordnet werden, von links nach rechts, von oben nach unten.

Die erste Komponente, die wir hinzufügen, erscheint also oben links im Fenster, die nächste direkt rechts daneben, usw, bis die Fensterbreite voll ist. Danach werden die weiteren Komponenten in der nächsten Zeile wiederum von rechts nach links angeordnet, und so weiter.

Nachdem wir dieses Basis-Layout für unser Fenster festgelegt haben, können wir dazu übergehen, die Komponenten zum Fenster hinzuzufügen. Dazu besitzt die Klasse JFrame die Methode add(). Mit dieser Methode werden Komponenten zum Fenster hinzugefügt. Da wird die Klasse JFrame abgeleitet haben, hat unsere neue Fenster-Klasse die add()-Methode geerbt und daher kann die add()-Methode innerhalb unserer neuen Klasse verwendet werden.

Wir rufen also dreimal die add-Methode auf, um unsere drei Komponenten (Eingabefeld, Button, Label) zum Fenster hinzuzufügen. Als Argument wird jeweils die hinzuzufügende Komponente an die add-Methode übergeben. Da wir 3 Methoden geschrieben haben, die unsere Komponenten erzeugen sollen und die diese Komponenten dann zurück liefern, können wir diese 3 Methoden getTextField(), getButton() und getErgebnisLabel() auch direkt als Parameter für die Aufrufe von add() verwenden.

Nun haben wir die 3 Komponenten also zum Fenster hinzugefügt. Wir rufen jetzt noch die geerbte JFrame-Methode pack() auf - diese sorgt dafür, dass das Fenster die richtige Größe hat und alle Komponenten auch zu sehen sind.

Abschließend legen wir dann noch wie aus dem einführenden Beispiel bekannt fest, dass das Programm durch Klick auf den X-Button beendet werden soll und dann machen wir das Fenster durch Aufruf von setVisible() sichtbar.

Das Programm können wir so nun ausführen und wir erhalten ein kleines Fenster, das die drei Komponenten enthält: ein Eingabefeld, einen Button sowie eine noch leere Beschriftung. Wir können in das Eingabefeld jetzt auch bereits Zahlen schreiben, wenn wir aber auf den Button klicken, geschieht nichts.

Das ist aber auch logisch, wir haben ja noch garnicht festgelegt, was geschehen soll, wenn wir den Button betätigen. Das gewünschte Verhalten war ja, dass die Zahl aus dem Eingabefeld ausgelesen, verdoppelt und das Ergebnis auf dem Ergebnis-Label angezeigt werden soll.

Wir legen dazu im ersten Schritt einfach eine Methode in unserer Klasse an, die genau das erledigt:

```java
private void berechneDoppel()
{
  String zahlAlsString = getTextField().getText();
  int zahlAlsZahl = 0;
  String beschriftung = "";

  try {
    zahlAlsZahl = Integer.parseInt(zahlAlsString);
    zahlAlsZahl *= 2;

    beschriftung = "Verdoppelt: " + zahlAlsZahl;
  } catch (NumberFormatException e) {
    beschriftung = "Sie haben eine ungueltige Zahl eingegeben";
  }
  getErgebnisLabel().setText(beschriftung);
```

```
}
```

Das JTextField-Objekt besitzt eine Methode getText(), mit der der Text aus dem Textfeld ausgelesen werden kann. Der Text wird immer als String geliefert. Optimalerweise haben wir nach dem Aufruf der getText()-Methode eine Zahl, die in einem String gespeichert ist. Um damit rechnen zu können, muss die Zahl erst in einen Zahl-Typ konvertiert werden, wir verwenden hier int.

Dafür gibt es die statische Methode parseInt aus der int-Wrapper-Klasse Integer. Diese Methode versucht, einen String zu einem int-Wert zu konvertieren. Wenn das funktioniert, speichern wir die Zahl in einer int-Variablen und verdoppeln den Wert. Nun generieren wir uns daraus die Beschreibung, die wir in dem Label in unserem Fenster ausgeben wollen.

Klappt die Umwandlung zum int-Wert dagegen nicht, weil keine gültige Zahl in dem Textfeld enthalten war, so wird beim Aufruf der Methode parseInt eine NumberFormatException ausgelöst. Diese Exception fangen wir ab und geben in diesem Fall eine Beschriftung an, die aussagt, dass der eingegebene Text keine gültige Zahl war.

Egal, ob der Text zur Zahl konvertiert werden konnte oder nicht, haben wir jetzt ein String-Objekt beschriftung, das einen sinnvollen Text enthält: entweder die verdoppelte Zahl oder den Hinweis, dass die angegebene Zahl ungültig war.

Nun rufen wir auf dem ergebnisLabel die Methode setText() auf. Mit dieser Methode kann die anzuzeigende Beschriftung geändert werden. Wir übergeben als Parameter die zuvor erzeugte Beschriftung, die fortan im Beschriftungs-Objekt angezeigt wird.

18.3 Event-Handler

Bis hierhin haben wir lediglich eine Methode erzeugt, die den Code enthält, der ausgeführt werden soll, sobald auf den Button geklickt wird. Nun müssen wir auch noch veranlassen, dass diese Methode tatsächlich aufgerufen wird, wenn der Benutzer auf den Button klickt.

Dafür gibt es in Java das Konzept der *Event-Handler*. Ein Event ist eine Benutzer-Interaktion, z.B. das Klicken eines Buttons oder die Eingabe in ein Textfeld. Ein Handler ist eine Routine, die aufgerufen wird, wenn ein bestimmtes Event eintritt. Man spricht davon, dass man einen Event-Handler registriert.

Es gibt verschiedene Arten von Event-Handlern. In unserem Fall benötigen wir einen ActionListener. Um einen eigenen ActionListener zu erstellen, müssen wir von der Klasse ActionListener ableiten und deren Methode actionPerformed() überschreiben. Das heißt, wir erstellen eine neue Klasse, legen in der Methode actionPerformed() fest, was passieren soll, wenn der Handler aktiviert wird und verknüpfen dann den Handler mit der Komponente, die er "überwachen" soll.

Der Übersichtlichkeit halber verwenden wir wieder die Inline-Technik zur Erstellung einer anonymen Klasse, die wir bereits bei den Threads kennen gelernt haben. Statt eine Unterklasse von `ActionListener` in einer eigenen Datei anzulegen und dann eine Instanz zu erstellen, leiten wir die Klasse direkt an Ort und Stelle, wo sie gebraucht wird, ab und erstellen direkt eine Instanz davon.

Alles in allem erweitern wir die Methode `getButton()` wie folgt:

```java
private JButton getButton()
{
  if (startButton == null)
  {
    startButton = new JButton("Verdopple!");

    ActionListener actionListener = new ActionListener()
    {
      public void actionPerformed(ActionEvent e)
      {
        berechneDoppel();
      }
    };
    startButton.addActionListener(actionListener);
  }
  return startButton;
}
```

Wir legen also eine `ActionListener`-Variable mit dem Namen `actionListener` an. Wir verwenden wieder die Inline-Notation zur Definition und Instanziierung einer anonymen Unterklasse von `ActionListener`. Innerhalb dieser Klasse überschreiben wir die Methode `actionPerformed()`. Diese Methode wird später vom System automatisch aufgerufen, wenn auf den Button geklickt wird. Die Methode erhält einen Parameter vom Typ `ActionEvent`, der noch einige zusätzliche Informationen über den Klickvorgang liefert. Diese Informationen benötigen wir in unserem Fall aber nicht: wir rufen lediglich die Methode `berechneDoppel()` auf, die wir zuvor angelegt haben. Diese sorgt dafür, dass die Zahl aus dem Eingabefeld ausgelesen wird und das Ergebnis der Verdopplung in das Beschriftungsfeld geschrieben wird.

Jetzt haben wir also ein `ActionListener`-Objekt. Dieses müssen wir jetzt nur noch mit dem Button-Objekt verknüpfen, damit der `ActionListener` ausgeführt wird, wenn der Button geklickt wird. Zu diesem Zweck besitzt die Klasse `JButton` die Methode `addActionListener()`. Wir rufen diese Methode auf unserem Button-Objekt auf und übergeben ihr unser `ActionListener`-Objekt: nun sind der Button und der `Action-Listener` miteinander verknüpft und die `actionPerformed()`-Methode des `Action-Listeners` wird ausgeführt, wenn auf den Button geklickt wird. Damit zeigt das Programm nun das gewünschte Verhalten: wenn wir eine Zahl eintragen und danach den Button klicken, wird die Zahl veroppelt und rechts neben dem Button das Ergebnis dieser Verdopplung ausgegeben. [8]

---

[8]**Ihr Feedback ist uns wichtig!** http://tiny.cc/javafb

19 Webtipps

Wir haben in den vorherigen Kapiteln einige der wichtigsten Konzepte der Programmiersprache Java vorgestellt und besprochen. Nachdem Sie alle Kapitel durchgearbeitet haben, sollten Sie in der Lage sein, selbst einfache Java-Programme zu schreiben. Ebenso sollte es Ihnen nun gelingen, einfachen Java-Code, den andere geschrieben haben, zu verstehen.

Aber klar ist auch: nach der Lektüre unseres Tutorials sind Sie noch kein Profi-Programmierer, der große und komplexe Anwendungen schreiben kann. Denn: Programmierer wird man nicht über Nacht. Programmierer werden ist zu verstehen als fortlaufender Prozess, indem man nach und nach immer mehr Aspekte einer Sprache kennen lernt und benutzt.

In diesem Tutorial haben wir darauf geachtet, möglichst viele grundlegende Java-**Konzepte** zu behandeln. Konzepte sind z.B. Datentypen, Vererbung und Netzwerkprogrammierung. Jedes Konzept wiederum besteht aus unzähligen **Aspekten**. Einen Aspekt eines Programmierkonzeptes kann man etwa als Teilbereich ansehen. Hierbei haben wir uns bei den vorgestellten Konzepten jedoch jeweils meist nur auf einen Teil der Aspekte beschränkt. Da dieses Tutorial sich an Java-Anfänger richtet, ist es wichtig, den Leser nicht mit zuviel Information zu überfluten. Wir haben daher die Konzepte so dargestellt, dass Sie als Leser sich einen Überblick über die Konzepte verschaffen können und eine ungefähre Vorstellung davon haben, wie ein Konzept "funktioniert".

In diesem Kapitel stellen wir Ihnen nun nochmal alle weiterführenden Web-Ressourcen in der Übersicht bereit. Wenn Sie Ihr Wissen über ein Konzept vertiefen möchten, finden Sie dort weiterführende Informationen zu den meisten Themen. Gerade als Anfänger ist es manchmal schwer, die vielen Anleitungen aus dem Internet zu verstehen - nachdem Sie sich mittels unseres Tutorials einen Überblick verschafft haben, sollten Sie aber den meisten der Web-Anleitungen folgen können.

Wir haben die Web-Tipps hier noch einmal thematisch sortiert nach der Reihenfolge, in der die entsprechenden Themen innerhalb des Tutorials besprochen wurden. Einige der Web-Ressourcen sind auf Englisch verfasst: wenn Sie ein richtiger Java-Programmierer werden wollen, kommen Sie vermutlich um englische Ressourcen nicht herum, denn auf Englisch gibt es eine Hülle und Fülle an Informationen zu jeglichen Programmiersprachen und Konzepten. Wir haben jedoch darauf geachtet, dass zu jedem Thema mindestens eine deutschsprachige Empfehlung vorhanden ist.

In einigen Fällen haben wir auch Links zu den offiziellen Referenzen von Oracle eingefügt. Eine Klassenreferenz gibt jeweils genau an, was der Sinn und Zweck einer Klasse ist sowie die genaue Erklärung der einzelnen Methoden. Es werden also alle Methoden, die eine Klasse besitzt, dokumentiert, sodass man als Programmierer genau bescheid weiß, welche Funktionalität eine Methode besitzt.

Sie finden das Ressourcen-Verzeichnis auf der Webseite zum Buch[9].

---

[9]http://www.programmierenlernen24.de/webtipps-buch/

20 Code-Download und Übungen

Hier können Sie den Java-Code der Programmierbeispiele aus allen Kapiteln downloaden. Sie können den Code direkt in Ihre Entwicklungsumgebung übernehmen und dort dann ausführen.

Spielen Sie auch mit dem Code herum: ändern Sie ihn ab und beobachten Sie, wie sich die Ausführung verändert. So entwickeln Sie ein Gefühl für den Code.

20.1 Download des Beispielcodes

Download des Java-Codes[10]

20.2 Import

Um den Code in Eclipse zu verwenden, gehen Sie folgendermaßen vor.

- Legen Sie ein neues Projekt an. (File → New → Java Project)

- Wählen Sie einen geeigneten Namen für das Projekt, z.B. JavaTutorial.

- Achten Sie darauf, dass bei "Project Layout" die Option "Create separate folders for sources and class files" aktiviert ist.

- Merken Sie sich die physikalische Adresse des Projektes, die bei "Location" angegeben wird.

- Erzeugen Sie nun das Projekt über Klick auf Finish.

- Navigieren Sie jetzt über den Windows Explorer zu dem Verzeichnis, in dem das Projekt abgelegt wurde. Wechseln Sie in das Unterverzeichnis src. Entpacken Sie dorthin den Inhalt des zip-Archives.

- In Eclipse sollten Sie jetzt links im Package Explorer das Projekt mit dem von Ihnen gewählten Namen sehen. Machen Sie nun einen Rechtsklick auf den Namen des Projektes (also wenn Sie unserem Vorschlag gefolgt sind auf JavaTutorial). Wählen Sie im sich öffnenden Kontextmenü die Option "Refresh".

- Nun sollte der Code automatisch importiert worden sein. Sie können jetzt den src-Baum aufklappen und gelangen dann zu den einzelnen Packages und Klassen. Ein Doppelklick auf eine Klasse öffnet die entsprechende Datei rechts im Editor-Fenster.

---

[10]http://www.programmierenlernen24.de/go/tutorialcode.zip

- Alle Klassen, die eine `main()`-Methode besitzen, können Sie ausführen. Öffnen Sie dazu die Klasse über den Package Explorer, sodass die Quelldatei im Editor geöffnet ist. Öffnen Sie das Kontext-Menü des Symbols mit dem grün-weißen Pfeil in der Toolbar (d.h. klicken Sie auf den kleinen, nach unten zeigenden schwarzen Pfeil neben dem Symbol) und wählen Sie dort „Run As" → „Java Application".

20.3 Übungen

Die Übungen und die von uns angefertigten Beispiellösungen finden Sie online auf der Webseite zum Buch[11].

Ihr Feedback

Nun, da Sie am Ende des Buchs angelangt sind, möchten wir auch gerne erfahren, ob Sie das Buch hilfreich fanden. Sie können uns auch mitteilen, was Sie nicht gut fanden, was wir noch verbessern können. Basierend auf dem Feedback wird das Buch von Zeit zu Zeit überarbeitet.

Bitte nehmen Sie sich deshalb 2 Minuten Zeit, um drei Fragen zu beantworten. Vielen Dank. `http://tiny.cc/javafb`

21 Impressum

Lorig, Daniel: Java-Programmierung für Anfänger: Programmieren lernen ohne Vorkenntnisse
Nalbach, April 2017

Alle Rechte am Werk liegen beim Autor:
Daniel Lorig
Schillerstr. 18
66809 Nalbach

Titelgrafik: Computer Netzwerke, Kolopach (Depositphotos)

ISBN-10: 1517358388
ISBN-13: 978-1517358389

---

[11]`http://www.programmierenlernen24.de/online-uebungen/`

www.ingramcontent.com/pod-product-compliance
Lightning Source LLC
Chambersburg PA
CBHW080538060326
40690CB00022B/5166